pfeiffer
WEWEL

Werner Müller

SPIELMANN, CLOWN, THEATERMACHER

Körpertheater – Arbeitsbuch mit Übungen

Illustrationen von S. Sapinel

Verlag J. Pfeiffer/E. Wewel München

Für ANNE, die wie ein Kind
einem Ball nachlaufen kann.

Die Deutsche Bilbliothek – CIP-Einheitsaufnahme
Müller, Werner:
Spielmann, Clown, Theatermacher : Körpertheater : Arbeitsbuch mit Übungen / Werner Müller. – München :
Pfeiffer/Wewel 1994
ISBN 3-7904-0622-8

Printed in Germany
Satz: PC-Print, München
Gesamtherstellung: G. J. Manz AG, Dillingen
Umschlagentwurf: S. Sapinel

ISBN 3-7904-0622-8

Inhalt

Für ein neues, altes Körpertheater …

Ein Schauspieler wurde einmal von einem Kollegen gefragt: »Wie machst du das nur? Bei dir scheint jede Szene mühelos, und alles, was du auf der Bühne tust, kommt beim Publikum an. Ich bemühe mich und rackere mich ab und kämpfe um jeden Lacher. Aber meistens bleiben die Reaktionen des Publikums aus. Welche Tricks wendest du an?« »Überhaupt keine Tricks«, war die Antwort. »Ich gehe über die Bühne, betrachte einen Gegenstand und spreche meinen Text …« »Aber das mach ich doch auch!« »Nein, wenn du auf der Bühne stehst, denkst du schon ans Gehen, und wenn du gehst, denkst du schon an den Gegenstand und während du diesen betrachtest, denkst du schon an deinen Text …«

Heutzutage ist am Theater – egal ob Berufs- oder Amateurtheater – oft die Rede von der »Abrufbarkeit der Mittel« einer Schauspielerin oder eines Schauspielers.
Der Darsteller muß fixierbare Techniken und Möglichkeiten besitzen, um als Instrument einsetzbar, d. h. besetzbar zu sein, um die Ideen eines Autors oder, falls sich dieser »nicht mehr wehren« kann, die eines Regisseurs zu verwirklichen.
Der Schauspieler vollzieht mehr oder weniger nur »fremde« Anweisungen und muß dadurch bei all seinen Aktionen und Sprechtexten »voraus-agieren« – *»Was kommt jetzt …? wo muß ich jetzt stehen …? liegt die Betonung auf Punkt oder auf Komma …?«* – und denkt somit im Sinne der einleitenden Geschichte beim Stehen schon ans Gehen …

Der Schauspieler ist, wie Meyerhold einmal bissig bemerkte, vom Komödianten zum Vorleser mutiert, der den Text in Kostüm und Schminke auswendig »liest«. Das Gestalten einer Rolle geschieht vom Kopf und der Ratio her, die Körperlichkeit wird zur Nebensache.

In diesem Buch sollen Überlegungen und Übungen zu einem körperhaften Theater angeboten werden, um das »Spielen« auf der Bühne zu beleben, damit die Schauspielerin und der Schauspieler wieder zu eigentlichen Schöpfern und Trägern der theatralischen Aktion, wieder zu »Spielleuten« werden.

Grundlagen dieses Körpertheaters sind die Techniken der Spielleute, Geschichtenerzähler und Jongleure des Mittelalters und die Spielweise der Schauspielerinnen und Schauspieler der Commedia dell'arte-Truppen.
Vorbild dieses Körpertheaters soll das Spiel der Kinder sein, die am Anfang ihrer Rollenspiele genaue »Regiebücher« anlegen – *»ich tät zu dir kommen und sagen, daß du mitkommen sollst … und du wärst dann der Papa und sagst … aber ich lauf dann weg …«* – aber selbst bei oftmaliger Wiederholung ihres Spiels noch kreativ und im Sinne des Wortes »schöpferisch« sind und nie in bloße Imitation verfallen.

1. Ein kurzer Blick in die Theatergeschichte

Der Theatertext wird gelesen und dient der Bildung …

Wenn wir die Entwicklung des europäischen Theaters seit dem Mittelalter betrachten, muß festgestellt werden, daß der Schauspieler im selben Maße vom Akteur zum Interpreten wurde, je mehr im Theater Wert auf das geschriebene Drama und auf die Reichhaltigkeit der Theaterliteratur gelegt wurde.
Er dachte nicht mehr selbst, er dachte dem Autor nach, er lebte sozusagen aus zweiter Hand.
Diese Entwicklung begann bereits in den Humanistenzirkeln der Renaissance.
Ohne genaues Wissen vom antiken Theater glaubte man, das antike Drama sei wie das Epos zum Vorlesen bestimmt.
Und so wurden auch die wiederentdeckten Komödien von Terenz und Plautus zunächst nur textlich dargeboten, nicht gespielt:
Ein Vorleser – Calliopus genannt – sprach alle Texte und auf einer Art Bühnenpodest wurde von einigen Schauspielern das Geschehen stumm durch Gebärden interpretiert und illustriert.
Auch wenn etwas später die Texte durch die Spieler gesprochen wurden, ist das aristokratisch oder kirchlich orientierte Theater stets als Aufsagen des fixierten Textes begriffen worden, illustriert und ergänzt durch Gebärden:
… auf der mittelalterlichen Simultanbühne, wo das feierliche Schreiten der normale Gang war und die Weltlichkeit der Sünderin Maria Magdalena durch »tribudians«, durch einen trippelnden Schritt, dargestellt wurde …
… auf der aristokratischen Bühne der italienischen »commedia erudita« z. B. in Ferrara bei der Hochzeit von Alfonso d'Este mit Lukrezia Borgia. Isabella d'Este berichtet über die Aufführungen an ihren Gemahl in Mantua, daß es unerträglich langweilig gewesen sei, wie die jungen Höflinge ihren Text deklamierten … und das fünf abendfüllende Komödien lang …
Natürlich blieb diese Form des Theaters in der Zeit der Renaissance auf die sogenannten gebildeten Kreise beschränkt – eigentlich wie heutzutage …

Ein »anderes« Theater entsteht …

Im einfachen Volk, wo Theater nicht mit Bildung und Werktreue, sondern mit Schaulust, mit Lachen und Weinen in Verbindung gebracht wurde, behauptete sich das »Spiel«:
die Commedia dell'arte entstand.
Commedia dell'arte – das ist das Theater der wandernden Theatertruppen, die um 1500 in Italien entstanden, die ihrem Publikum auf den Straßen und Plätzen ein für die Zeit sehr ungewöhnliches und unterhaltsames Improvisationstheater ohne festgeschriebenen Text darboten – Maskenspiele, Theaterstücke mit viel Akrobatik, Lärm, Musik und Situationskomik. Es waren stets die gleichen Figuren, die auf der Bühne standen: der alte, geizige Kaufmann Pantalone aus Venedig, der eitle und großsprecherische Capitano, der komische Gelehrte Dottore Baloardo, die gerissenen Diener Arlecchino und Brighella, die Dienerin Columbina, die das Herz am rechten Fleck hatte, und die Verliebten, die um ihre Liebe kämpfen mußten.
Die Inhalte der Theaterstücke wechselten, aber immer drehten sie sich um Liebe und Hunger – eben die Sorgen der »kleinen Leute«.
Der Begriff »Commedia dell'arte« wurde erst Jahrzehnte nach Entstehung dieser Theaterform geprägt und bezeichnet eigentlich nichts anderes als »Berufstheater«: Theater von Leuten, die ihr Handwerk verstanden, Schauspielertheater.

»Die mimische Kunst strebte nach Selbständigkeit, in Italien geschah der entscheidende Schritt von der Commedia erudita zur Commedia dell'arte. Damit vollzog sich die erste Loßreißung des Theaters von der Literatur; der italienische Schauspieler hatte offenbar erkannt, daß in der ihm obliegenden Darstellung der schablonenhaften Lustspiele nach römischen Muster die Hauptwirkung von seiner eigenen Leistung ausging, und er befreite sich von dem Zwang des geschriebenen Textes.«[1]

Die Wiedergeburt des »SPIEL«-Mannes …

Aber woher kamen diese Schauspieler, die »sich vom Zwang des geschriebenen Textes befreiten«?
Nun, es gab sie schon immer! Und sie waren sich schon immer ihrer Leistung bewußt und hatten eigentlich noch nie einen festen Text.
Sie agierten auf den Märkten und Straßen, dort, wo viele Leute zusammenkamen:
die Buffoni und Joculatoren, die Giullari und Spielleute, die Geschichtenerzähler und Saltimbanchi.
Sie sprangen auf einen Verkaufstisch oder eine umgedrehte Kiste und erzählten den Leuten auf dem Markt Geschichten, reimten auf Zuruf die schönsten Gedichte und sie spielten alleine sogenannte contrasti oder rispetti, Szenen, in denen eine Menge verschiedener Leute auftraten – Typen, die das Publikum aus dem Alltag kannte.
Sie konnten ihr Publikum in den Bann schlagen: So wird uns von einem Kaufmann berichtet, der verstört nach Hause kam, die Spiegel verhängen ließ und immer nur schmerzerfüllt ausrief: »Rolando ist tot, Rolando ist tot« … Erst nach einiger Zeit konnte ihn seine Familie beruhigen, und es stellte sich heraus, daß er beim Spielmann war, der die Geschichte vom Rasenden Roland erzählt hatte …

Natürlich erfanden diese Spielleute nicht jeden Tag neue Texte, sondern gestalteten ihre Geschichten nach den Bedürfnissen ihres Publikums, dem es egal war, wer diesen Text geschrieben oder nicht geschrieben hatte.
So vermerkt ein Haushofmeister aus Venedig mißbilligend in seinem Tagebuch, daß sein Herr 17 Florin beim Spielmann ausgegeben habe. Und das kam so: Der Spielmann erzählte eben die Geschichte vom Trojanischen Krieg und besagter Kaufmann muß auf irgendeine Weise an Hektor, dem Verteidiger Trojas, Gefallen gefunden haben. Als der Spielmann den griechischen Helden Achill den Speer heben ließ, um Hektor zu durchbohren, warf er einen Florin auf die Bühne und rief: »Laß Hektor nicht sterben.« Natürlich, ein Florin war eine Menge wert und irgendwie muß Achill mit seinem Speer danebengeworfen haben … und nach weiteren Kämpfen vor Troja kam Achill wieder mit seinem Streitwagen angefahren und … wieder flog ein Florin auf die Bühne …
Eine herrliche Anekdote: Der Spielmann als Herr über Leben und Tod! Mit festgeschriebenem Text und ohne die Improvisationskunst des Geschichtenerzählers wäre hier wohl der Verdienst geschmälert worden.
Diese Spielleute drängten nun in die neugegründeten Commedia-dell'arte-Truppen und nur diejenigen, welche die Improvisation und das Spiel am besten beherrschten, konnten sich durchsetzen. Die anderen kehrten auf den Marktplatz zurück. Wer sich behaupten konnte, trat nun unter Bedingungen auf, bei denen sehr viel höhere Ansprüche gestellt wurden, und knüpften so ein festes Band zwischen Volksbelustigung und dem »neuen« Theater.

[1] Adolf Winds, Der Schauspieler in seiner Entwicklung vom Mysterien- zum Kammerspiel

Der Spielmann

Was man von den Spielleuten heute noch lernen kann …

Selbstverständlich spielte man dort, wo man engagiert wurde, am liebsten an Fürstenhöfen in der Commedia erudita, der sogenannten Gelehrtenkomödie nach Plautus und Terenz.

So wird von einem Spielmann berichtet, der in den Quellen einmal als »Marcantonio aus der Commödie« und ein andermal »Marcantonio, der Buffone« bezeichnet wird. Aber sicherlich hat jener Marcantonio, sollte er jemals in Ferrara gespielt haben, auch dort mit seiner Spielkunst neue Maßstäbe gesetzt und wird den Text

von Plautus – vielleicht zum Mißfallen des humanistischen Übersetzers und gleichzeitig zum Vergnügen der Zuschauer – nach seinen Bedürfnissen »umgebogen« haben.

Nicht nur die Fürstenhöfe waren wegen des sicheren Einkommens beliebt, sondern auch die jährlich überall stattfindenden Mysterienspiele.

Hier boten sich besonders die »unehrlichen« Rollen der Maria Magdalena, des Judas und des komischen Salbenkrämers für die fahrenden Schauspieler und Gaukler an. Ein ehrlicher Kaufmann oder Handwerker konnte diese Rollen aus Gründen der Standesehre nicht verkörpern. Auch hier haben die Spielleute sicherlich zum Vergnügen der Zuschauer ihre Rollen »ausgeweitet«.

So zeterte der Abt von St. Gallen, daß »es Brauch worden sei, in den heiligen Spielen auch Rollen an fahrend Volk zu geben und so würden der Darstellung der Sünden der Maria Magdalena mehr Raum gegeben als der Darstellung der Heilstaten unseres Herrn …«.

Auch die Nürnberger Fastnachtsspiele des Hans Sachs und des Rosenplüt – hier waren nun keine Profis am Werk, sondern Handwerksgesellen – wurden sicherlich zunächst als Vorlage zur Improvisation begriffen.

»… in ihren uns nicht mehr zugänglichen frühesten Anfängen waren sie zweifellos Stegreifspiele. Auch später, nach ihrer uns schon vertrauten Wortfixierung, hat es gewiß noch viele Improvisationen inmitten des Spiels gegeben.«[1]

Die Schauspieler in der Commedia dell'arte spielten nach einem Handlungsgerüst, dem Canovaccio: Ein ausführliches Szenario, das den äußeren Verlauf der Handlung wiedergab, das aber keine Dialoge festschrieb. Diese zu improvisieren und damit die Handlung mit Leben zu füllen, war die theatralische Leistung der Komödianten. Natürlich waren die einzelnen Szenen erprobt, und die Schauspieler hatten für sich feste Textteile zurechtgelegt.

Niccolo Barbieri schreibt: »Die Schauspieler prägen ihrem Gedächtnis die verschiedensten Dinge ein – Sen-

[1]Heinz Kindermann, Theatergeschichte Europas, 1. Band

tenzen, Concetti (= witzige Redewendungen, Aphorismen), Liebeserklärungen, Vorwürfe, Verzweiflungs- oder Wahnsinnsausbrüche –, um sie im Bedarfsfalle vorrätig zu haben; und was sie auswendig lernen, paßt genau zum Typ derjenigen Person, die sie darstellen.«[1]

Improvisation ist kein Zufall …

Improvisation darf also nicht mit Zufallsspiel verwechselt werden.
So könnte man nach Dario Fo die Commedia dell'arte auch »Schauspielerkomödie« oder als »Komödie der Komödianten« bezeichnen. Die Spielleute, die Schauspieler der Commedia dell'arte überließen nichts dem Zufall, sie waren Träger des theatralischen Geschehens, sie waren Schauspieler, Autor, Theatermacher, Erzähler und Regisseur gleichzeitig und die Kommunikation auf der Bühne und zwischen Bühne und Zuschauern war stets unmittelbar – das heißt ohne die Mittler »Regie« oder »Text«.
Dabei unterschieden die Spieler der Commedia dell'arte sehr genau ihre verschiedenen Spielformen:
Man spielte »COMMEDIA ALL'IMPROVISO«:
Ein »argomento« (heutzutage würden wir »story« sagen), aus den Novellensammlungen, aus Märchen und aus den Stücken der Commedia erudita entnommen, wurde zu einem »canovaccio« ausgebaut und schriftlich als eine Art erweiterte Szenenfolge festgelegt. Auf dieser Basis entwickelten nun die Schauspieler während der Aufführung die Dialoge, indem sie diese frei erfanden oder bereits bekannte und geübte Textteile einbrachten.
Man spielte »COMMEDIA A SOGGETTO«:
Von einem festen Text ausgehend, den man aber nur als Vorlage betrachtete, spielte man das Stück, veränderte es während der Aufführung und brachte neu Erfundenes oder spontane Einfälle hinzu.

[1] Zitiert bei Commedia dell'arte, A.K. Dshiwelegow

Man spielte »COMMEDIA A BRACCIA«:
Diese Spielform entspricht unserem Begriff »Stegreif«. Nur mit einem Argomento »ausgerüstet«, betraten die Schauspieler in ihren bereits festgelegten Rollen die Bühne und spielten frei »drauflos«.
Ludovico Riccoboni schreibt: »Man muß zugeben, daß dieses Theater Vorzüge aufzuweisen hat, deren sich die geschriebene Dramatik nicht rühmen kann. Die Improvisation gibt die Möglichkeit, das Spiel so mannigfaltig zu variieren, daß der Zuschauer ein und dasselbe Schauspiel mehrere Male hintereinander sehen kann und dabei doch jedesmal ein anderes Stück zu sehen scheint. Ein Stegreifschauspieler ist in seiner Darstellung lebendiger und natürlicher als ein Schauspieler, der seine Rolle auswendig gelernt hat, denn man empfindet und spricht viel besser, was man selbst frei gestaltet, als etwas, das man mit Hilfe des Gedächtnisses von andern entlehnt hat.«[1]

[1] Zitiert bei Dshiwelegow

2. Körpertheater oder die Seele der Bewegung

Das »Entweder-Oder« und der Mittelweg …

Soll man nun, um das Theater unserer Zeit lebendiger zu machen, zurück zu den Wurzeln?
Soll man alle Textbücher von Theaterstücken verbrennen?
Woher sollen heutzutage die Schauspieler kommen, die Texte improvisieren können?
Nun, ich finde, es ist keine Frage des »Entweder-Oder«!
Es muß kein Gegensatz sein zwischen dem »Stegreifschauspieler, der in seiner Darstellung lebendiger und natürlicher ist« und »dem Schauspieler, der seine Rolle auswendig lernt«:
Einen Mittelweg könnte das Körpertheater bieten.

Was ist unter »Körpertheater« zu verstehen?

Man sollte wieder beginnen, lebendige Menschen auf die Bühne zu bringen, anstatt Gedankengänge zu verdeutlichen.
Das geschriebene Wort, der Theaterdialog, die Geste, die der Regisseur vorschlägt, sind zunächst »tot«, d. h. ohne konkrete Aussagekraft. Jedem gesprochenen Wort, jeder Geste, jeder noch so winzigen Szene oder einem Teil von dieser muß eine körperliche und emotionale Haltung vorausgehen, die dieses Wort oder diese Geste definieren und verlebendigen.
Gefordert ist also der produktive Schauspieler des Körpertheaters, der bei jeder Probe und bei jeder Vorstellung jede Szene, jeden Gang, jedes Wort neu begründet, gestaltet und erschafft, anstatt des reproduzierenden Schauspielers, der sich nur an das erinnert, was Regie und Text ihm aufgetragen haben.
»… Es drängt mich vom nur Sprachlichen weg zum Körperausdruck. Es brauchte Zeit, bis mir aufging, daß Stirn, Augen, Wimpern, Brauen, Pupille, Lippe, Mundwinkel, Kinn, Hinterkopf, Nacken, Arme, Beine, Handgelenke, Finger, Rückgrat, Hals, Haaransatz, Leib, Becken mitspielen müssen, um Verborgenes, Menschliches kommunizieren zu können … Ich begriff, daß die Übermacht des Sprachlichen gebrochen werden müsse, und das Mimisch-Kreatürliche, den Menschen Bewegende, zur Dominante, zur das Sprachliche dirigierenden Vormacht erhoben werden müsse, um die Ganzheit der Menschendarstellung zu erreichen …
Ich erkannte: Das Mimische beherrscht das Sprachliche. Und ja, kreiert es erst. Der Körper- und Gesichtsausdruck löst den wahren Sprachausdruck aus. Ich mißtraute immer den Regisseuren, die isoliert den Ton für einen Satz, ein Wort suchen, probieren, korrigieren, ihn nicht finden und sich und den Schauspieler in Verzweiflung bringen. Wenn bei einem befähigten Darsteller der Ton falsch ist, dann liegt die Fehlerquelle meist im Gesicht, in der Körperhaltung, oft in den Beinen, oft in der Geste. Das ist das Primäre …«[1]
Dieser Körpersprache, dieser Ausdrucksfähigkeit der Gesamtheit von Haltung, Gesten, Mimik und Bewegungen muß sich der Schauspieler wieder bewußt werden.
Diese Ausdrucksfähigkeit des Körpers muß absichtlich, nicht nur als Nebenprodukt von Wort- und Dialogregie, auf der Bühne eingesetzt werden. Um dies zu ermöglichen, muß jedoch die Ausdruckskraft und Körpersprache des Darstellers geübt und »zeigbar« gemacht werden.
Der Schauspieler muß also durch Training und Gymnastik, durch Übungsaufgaben und Improvisationen, aber auch durch ständige Beobachtung der eigenen Person und der Mitmenschen die Ausdrucksfähigkeit seines Körpers erfahren, erleben und dann bewußt zu gebrauchen lernen.

[1] Fritz Kortner, Aller Tage Abend

Selbstverständlich ist damit nicht gemeint, daß der Schauspieler nun bestimmte Gesten, Gesichtsausdrücke und Körperhaltungen isoliert wie »nach Katalog« einsetzt. Somit wäre er ja wiederum Imitator!
Diese körperhafte Haltung, die bei jeder Probe und bei jeder Aufführung neu geschaffen wird – innerhalb der genau festgelegten Grenzen durch die Absprache mit Regisseur und Partnern – wird in der Übungs- und Erprobungsphase künftig **KÖRPERSCHWERPUNKT** genannt.
Der Gestus, der Klang der Stimme, der Gesichtsausdruck, der sich aus der emotionalen Haltung ergibt, wird in der Übungs- und Erprobungsphase künftig **DARSTELLUNG DER EMOTION, BZW. SOLARPLEXUS**, genannt.[1]
Körpertheater, das einfühlende Schaffen einer Figur, bezw. einer Person mittels Körperhaltung, Bewegungsschwerpunkten und Darstellung der Emotion, die dann auch den Klang der Stimme, den Blick und die Gangart beeinflussen, ohne daß man sich bewußt verstellt, stellt an den Schauspieler die Forderung:

Nicht du tust etwas,
bringe den Körper in eine Lage,
dann geschieht es von ganz alleine.

Körpertheater ist nicht Stegreifspiel ...

Selbstverständlich agiert ein Schauspieler des Körpertheaters nicht im Sinne seiner Vorgänger in der Commedia dell'arte, indem er improvisiert und den Text erfindet und verändert, wie es ihm gerade gefällt oder einfällt.
Adolf Dresen schreibt: »Wie oft sieht man, daß ein Schau***spieler*** gar nicht ***spielt***, sondern funktioniert wie ein Rädchen im Getriebe ... Folgerichtig stelle ich die Devise auf: Vorwärts zum Stegreif!«[2]
Diesem »Vorwärts zum Stegreif!« möchte ich widersprechen! Stegreiftheater kann heute nicht mehr Aufgabe eines Schauspielers sein. Schon die fehlende Mobilität setzt hier Grenzen. Während die Commediatruppen von Ort zu Ort, oft sogar von Land zu Land wanderten, bedient der Betrieb eines Schauspielhauses immer das gleiche Publikum und muß dadurch die Stücke öfter wechseln, bzw. einen Spielplan gestalten.
Außerdem ist unsere Welt so kompliziert geworden und in Arbeitsteilung begriffen, daß es der Schauspieler nicht mehr alleine leisten kann, die »Welt zu erklären«. Dazu brauchen wir die Dichter und wir brauchen die Regisseure, die diese Texte für den Schauspieler aufbereiten und spielbar machen. Selbst begnadete Kabarettisten – Musterbeispiele für Stegreifspieler – arbeiten heutzutage im Team!
Dazu kommt, daß die Mitglieder der Commediatruppen selten oder nie die Rollen wechselten. Dies ist im heutigen Theaterbetrieb undenkbar! Ein Commedia-Schauspieler verkörperte meist sein Leben lang eine Figur und wurde dadurch in **seiner** Rolle , z. B. als Pantalone, immer versierter und geschickter, eben »dell'arte«!
Doch in welcher Weise unterscheidet sich der Stegreifschauspieler vom stets neu produzierenden Schauspieler des Körpertheaters?
»Das Stegreifspiel ist immer fertig, so unvollkommen es ausgefallen sein mag. Es hat sich selbst zum Ziel ... Beim Stegreifspiel wird für die einmalige Produktion die gesamte thematische Vorgabe gegeben, und der Stegreifspieler hat die gesamte Vorgabe auf Anhieb zu verarbeiten, wobei die stattgehabte Verarbeitung bereits das abzuliefernde Produkt ist.«[3]

[1] Siehe Veröffentlichungen des Verfassers:
Pantomime – Eine Einführung für Schauspieler, Laienspieler und Jugendgruppen – Verlag Pfeiffer
Körpertheater und Commedia dell'arte – Verlag Pfeiffer
[2] Dresen in Werkstatt Theater Hrg.Ingeborg Pietzsch
[3] Gerhard Ebert , Improvisation und Schauspielkunst

Ein Beispiel für reines Stegreifspiel wäre die Darstellung eines Witzes auf einer Party: Ein Spielleiter erzählt (oder gibt die Aufgabe schriftlich) zwei Spielern einen Witz, die nun sofort die »Bühne« betreten und die kleine Geschichte »aus dem Stegreif« dialogisch spielen.

Handelt es sich aber bei den Spielern um geübte Schauspieler, so werden sich diese beiden an andere Szenen erinnern und bereits nicht mehr »rein Stegreif« spielen. Sie haben wahrscheinlich schon ähnliche Geschichten gespielt oder ähnliche Typen verkörpert.

Das Spiel im Körpertheater zielt tatsächlich auf die Fixierung der erarbeiteten Körperschwerpunkte und Emotionen, aber nicht im Sinne der »Abrufbarkeit«, sondern der »Geläufigkeit«. Eine erarbeitete Szene wird für den Schauspieler des Körpertheaters nie »fertig«, nie »ausgelernt« sein, sondern immer nur eine Zwischenstation, etwas »zum weiterentwickeln Offenes«, so wie auch der Schauspieler selbst sich nie als fertig und »ausgelernt« betrachten darf.

Ich habe dieses »Offene« schon selbst als Regisseur erfahren:

Nach etwa 30 Aufführungen des »Dschungelbuchs« wurde eine Schauspielerin umbesetzt. Ich arbeitete mit der neuen Kollegin einige Einzelproben ..., die Umbesetzungsprobe mit dem Ensemble war eine Katastrophe! Warum? Nun, ich hatte mit der neuen Kollegin auf meinem Erfahrungsstand, dem Stande der Generalprobe geprobt!

Aber inzwischen hatte das Stück im wahrsten Sinne des Wortes 30 Aufführungen »erlebt«. Äußerlich hatte sich zwar nichts verändert, aber die Spieler hatten sich eigene innere Abläufe zurechtgelegt, andere Motivationen geschaffen ... das Stück war seinem Regisseur »entwachsen«. In einer weiteren Umbesetzungsprobe wurde dann die neue Kollegin von den Mitspielern in »ihr« Stück eingeführt ... und die Geschichte von Mogli und Baloo blieb noch weitere 60 Aufführungen lebendig.

Die Lebendigkeit und »Aktualität« einer Aufführung ist nur dann zu erhalten, wenn sich das Stück aus den Aufführungen heraus ständig erneuert und »wächst«, wenn die Schauspieler nicht einfach nach der in den Proben gefundenen Handlungsrichtlinien agieren, sondern innerhalb dieser Absprachen sich einen Freiraum für ihr »Spiel« erhalten und so bei jeder Aufführung das Stück oder einzelne Szenen – wie bei den Proben – neu schaffen.

Man muß auf die Gespräche nach der Aufführung hören ...

Die Gespräche der Schauspieler und Schauspielerinnen nach der Aufführung sind ein Gradmesser für die Frische der Aufführung:

Heißt es nur »*... du hast heute vergessen ...*«, oder »*... laß mich doch an dieser Stelle endlich mal ausreden ...*«, so wurde »nach Partitur« gespielt. Es sind Anmerkungen an das eigene Gedächtnis und an das der Kollegen.

In einer »wachsenden Aufführung« im Sinne des Körpertheaters bespricht man sich: »*Ich mußte heute so schnell mit meinem Satz kommen, weil du den Kontakt abgebrochen hast ...*« oder »*...heute mußte ich mich richtig anstrengen, dich anzuschreien. Du hast mich so treuherzig angeschaut ...*«

Selbstverständlich hören und achten die Schauspieler im Körpertheater auch auf die kleinsten Veränderungen im Spiel des Partners und auf die Reaktionen der Zuschauer. Hat sich gegenüber der letzten Aufführung etwas verändert, so werden keine »Schuldzuweisungen« gegeben, sondern nach dem Grund der Veränderung geforscht. Die Aufführung bleibt damit immer lebendig.

An dieser Stelle soll gar nicht über »abgespielte« und erstarrte Inszenierungen lamentiert werden, aber das Körpertheater wäre ein Weg, den Zuschauern und den Schauspielern eine derartige Mühsal zu ersparen.

Für dieses Improvisieren im »Spielraum« ist ein gewisser Fundus an Körperschwerpunkten und Emotionen, den sich der Spieler angeeignet hat, unumgänglich. Dazu dienen die am Ende des Kapitels angebotenen Übungen zu Körperschwerpunkt und Darstellung der Emotion.

Adolf Dresen vergleicht eine Theateraufführung mit der mechanischen und organischen Welt:

»Die Aufführung ist entweder ein mechanisches oder ein organisches System. Im mechanischen kann nur Entropie (= Unordnung) wachsen, sie kann sich von der Konzeption nur entfernen, das heißt von ihrem Bauplan. Im organischen aber wächst die Information, das heißt Ordnung.«[1]

Doch wie ist es möglich, den Fundus an Schwerpunkten und Emotionen nicht im Sinne der »Abrufbarkeit« zu mißbrauchen? Was kann dem Schauspieler des Körpertheaters helfen, nicht in festen Formeln zu erstarren und dadurch wiederum zum reproduzierenden Schauspieler zu werden?

Das wichtigste Element des Körpertheaters besteht darin, daß der Schauspieler zwar während der Aufführung fixierte Gänge, Texte und Abläufe reproduziert, die Situation für diese Gänge, Texte und Abläufe jedoch stets neu schafft.

Dieser Impuls, der zum Wort oder zur Bewegung führt, wurde zwar auch bewußt probiert und wird nicht dem Stegreif und der spontanen Eingebung überlassen, wird aber nach wie vor spontan »aus dem Bauch« über und durch den Körperschwerpunkt und der dargestellten Emotion stets neu geschaffen.

Jede Bewegung eines Körpers – egal ob menschlicher, tierischer oder abstrakter Körper, wie z.B.»Trauer«, oder elementarer Körper, wie z. B. »Feuer« – geht von dessen Schwerpunkt aus und kehrt dorthin zurück.

Das Bewußtsein richtet Unordnung an ...

Der Schauspieler darf also nicht auf dem »Fundament«, das ihm der Regisseur oder der Text gegeben hat, sein Gebäude bauen, sondern er muß jede Bewegung, jedes Wort vom »Ursprung« her entstehen lassen. Um im Beispiel der Architektur zu bleiben: Bauplan und Bauplatz geben Regisseur und Dichter vor, bewohnbar, wohnlich und unverwechselbar macht das Gebäude der Schauspieler. Es sei denn wir wollen auch im Theater seelenlose »Plattenbauweise« einführen ...

Heinrich von Kleist gibt in seinem Aufsatz »Über das Marionettentheater«, den ich zur »Bibel des Körpertheaters«[2] erheben möchte, klare Anweisungen, indem er über die Bewegungen einer Marionette im Vergleich zum Schauspieler nachdenkt:

»Jede Bewegung hätte einen Schwerpunkt; es wäre genug, diesen im Inneren der Figur zu regieren; ... und der Vorteil, den diese Puppe vor lebendigen Schauspielern (im Original steht »Tänzern«) voraushaben würde? Zuvörderst ein negativer, nämlich dieser, daß sich die Marionette niemals zierte. Denn Ziererei erscheint, wie Sie wissen, wenn sich die Seele (vis motrix = bewegende Kraft) in irgend einem anderen Punkte befindet als im Schwerpunkt der Bewegung ... befindet sich die Seele im Schwerpunkt der Bewegung, so sind alle übrigen Glieder, was sie sein sollen, reine Pendel und folgen dem bloßen Gesetz der Schwere; eine vortreffliche Eigenschaft, die man vergeblich bei einem Großteil unserer Schauspieler sucht ...«

Im Körpertheater darf es keine Schablonen und kein »man« geben. Jede Aktion ist im Grunde unwiederholbar. Will der Schauspieler dieselbe Bewegung, dieselbe Aktion auf der Bühne oder denselben Satz noch einmal gestalten, so kann er diese Aktionen unmöglich ***»wiederholen«***, sondern er muß sie – um in der Umgangs-

[1] Dresen in Werkstatt Theater Hrg.Ingeborg Pietzsch

[2] Heinrich von Kleist Über das Marionettentheater

prache zu bleiben – noch einmal ***»machen«.*** Vielleicht kommt auch daher der zwar stimmige, aber nicht sehr poetische Ausdruck »Theatermacher«?!

Hier liegt die Schwierigkeit des Theaters überhaupt: Der Schauspieler ist sich durch die Proben und Aufführungen bei der »Präsentation« eines Bewegungsablaufes ja bereits *vor* Beginn der Bewegung über deren Ablauf bewußt … ist sich des Inhalts eines Satzes und seiner Wirkung auf den Partner bewußt, *bevor* er ihn ausgesprochen hat.

Doch lassen wir über dieses »Bewußtsein« Heinrich von Kleist sprechen:

»… Ich sagte, daß ich gar wohl wüßte, welche Unordnung in der natürlichen Grazie eines Menschen das Bewußtsein anrichtet: Ich badete mich mit einem jungen Mann, über dessen Bildung damals eine wunderbare Anmut verbreitet war … Es traf sich, daß wir kurz zuvor in Paris die griechische Statue des Jünglings gesehen hatten, der sich einen Splitter aus dem Fuß zieht; der Abguß dieser Statue ist bekannt und befindet sich in den meisten deutschen Sammlungen. Ein Blick, den der junge Mann in dem Augenblick, da er den Fuß auf den Schemel setzte, um ihn abzutrocknen, in einen großen Spiegel warf, erinnerte ihn daran; er lächelte und sagte mir, welche Entdeckung er gemacht habe. In der Tat hatte ich in eben diesem Augenblick dieselbe gemacht. Doch sei es, um die Sicherheit der Grazie, die ihm beiwohnte, zu prüfen, sei es, um seiner Eitelkeit ein wenig heilsam zu begegnen, ich lachte und erwiderte – er sähe wohl Geister! Er errötete und hob den Fuß zum zweiten Mal, um es mir zu zeigen; doch der Versuch , wie es sich leicht hätte voraussehen lassen, mißglückte. Er hob verwirrt den Fuß zum dritten, zum vierten, er hob ihn wohl noch zehnmal: umsonst! er war außerstande, dieselbe Bewegung wieder hervorzubringen – was sag ich? die Bewegungen, die er machte, hatten ein so komisches Element, daß ich Mühe hatte, das Gelächter zurückzuhalten … Wir sehen also, daß in dem Maße, als in der organischen Welt die Reflexion dunkler und schwächer wird, die Grazie darin immer strahlender und herrschender hervortritt. – Doch so, wie sich der Durchschnitt zweier Linien, auf der einen Seite eines Punktes, nach dem Durchgang durch das Unendliche, plötzlich wieder auf der anderen Seite einfindet, oder das Bild des Hohlspiegels, nachdem es sich in das Unendliche entfernt hat, plötzlich wieder dicht vor uns tritt: so findet sich auch, wenn die Erkenntnis gleichsam durch ein Unendliches gegangen ist, die Grazie wieder ein; so daß sie, zu gleicher Zeit, in demjenigen menschlichen Körper am reinsten erscheint, der entweder gar kein Bewußtsein oder ein unendliches Bewußtsein hat, das heißt in dem Gliedermann oder in dem Gott. Mithin sagte ich ein wenig zerstreut, müßten wir wieder vom Baum der Erkenntnis essen, um in den Stand der Unschuld zurückzufallen? Allerdings antwortete er …«

Natürlich mußte die Grazie bei dem von Kleist beschriebenen jungen Mann verschwinden, denn er handelte und »spielte« nicht mehr spontan, sondern er wiederholte eine Bewegung, er »improvisierte« nicht, sondern er »agierte nach Erinnerung«.

Natürlicherweise mußte die Grazie verschwinden, denn einer, der sich den Fuß abtrocknet und dabei graziös wirkt, hat einen anderen Schwerpunkt der Bewegung als einer, der sich den Fuß abtrocknet und dabei graziös wirken will!

Der Schauspieler ist keine Maschine … – also gibt es auch keinen Einschaltknopf …

Diese »bewegende Kraft« – die Seele der Bewegung – muß sich immer im Schwerpunkt der Bewegung befinden.

Diese Tatsache bedeutet aber nun nicht, daß Körpertheater eine Sache von genialen Schauspielern ist, die selbstverständlich und immer den richtigen Schwerpunkt treffen und deren Gedanken auf der Bühne nie außerhalb ihres Tuns sind.

Ein Schauspieler des Körpertheaters erarbeitet sich die verschiedenen Schwerpunkte von Haltungen und Handlungen von Menschen und Tieren, von Elementen und Pflanzen, sammelt sie in einer Art Fundus und hält sie verfügbar.
Dieses »verfügbar« heißt aber nun nicht, mit »Einschaltknopf« zu spielen, was man im Schauspielerjargon auch abschätzig »aus der Schublade spielen« nennt: Ich bin traurig … knack … Schalter 12 – Gesichtsausdruck Nr. 41 … ich werde wütend … knack … Schublade 23 … Gesichtsausdruck Nr. 5 …
Jeder Mensch, jede Figur, die ein Dichter erschaffen hat, jedes Tier, jedes Element und jede Pflanze hat in einer bestimmten Situation einen ganz bestimmten Schwerpunkt, der sich von den anderen schon dadurch unterscheidet, daß die Person eines ganz bestimmten Schauspielers diesen Schwerpunkt annimmt; ändert sich die Situation, kann sich auch der Schwerpunkt ändern; nimmt ein anderer Schauspieler in der gleichen Situation den gleichen Schwerpunkt ein, wird es nur der gleiche, aber nie derselbe sein!
Diese Schwerpunkte sind übbar und trainierbar und können – im Dialog mit Regisseur und Partnern – bei der Erarbeitung von Szenen so eingebracht werden, daß immer die Hauptforderung des Körpertheaters erfüllt bleibt: **»Nicht du tust etwas, bringe den Körper in die Lage und es geschieht von alleine.«**
Da nun kein Schauspieler Marionette sein will, und da es selbst begnadeten Schauspielern versagt ist, vom Baum der Erkenntnis zu essen, bleibt dem Körpertheaterschauspieler nichts anderes, als durch Training, Beobachtung und durch stetes Aufsuchen und Erarbeiten von Körperschwerpunkten und Emotionsdarstellungen, seine Erkenntnis gleichsam durch ein Unendliches gehen zu lassen, bis sich die Grazie wieder einstellt.
»… Jede schauspielerische Leistung besteht in den Mischtönen. Ein Schauspieler ist um so reicher, je stärker instrumentiert die Färbung seines Spiels ist und je widersprechendere Dinge er in seine Worte zu bannen vermag. Da fast alle Geschehnisse unterhalb des Begreifens sich abspielen, müssen Geste und Anlaß meist divergieren. Decken sich Geste und Wort im Sinne des zu Erklärenden, so nähert sich das Spiel dem Dozieren. Die Spannung wird um so unergründlicher, je mehr beide divergieren.«[1]

Emotion ist die Blickrichtung der Seele …

Wenn ein Schauspieler sein Publikum in »den Bann schlägt«, wenn sich alle zu ihm »hingezogen« fühlen, sprechen wir gemeinhin von »Ausstrahlung«.
Aber eigentlich »strahlt der Schauspieler nicht aus«, sondern er wendet sich seinem Publikum zu, er gibt ihm zu verstehen, *»ich spiele für jeden einzelnen für euch«, »ich nehme euch ernst«*, er kommt – wie man im Schauspielerjargon sagt- »über die Rampe«.
Diese sogenannte Ausstrahlung ist aber nur zum geringen Teil ein Talent, das dem Mimen in die Wiege gelegt wurde, sondern das Ergebnis harter Arbeit: »Ausstrahlung« ist übbar und lernbar, sie ist die Blickrichtung der Seele der Bewegung, der »vis motrix«, wie sie Kleist nennt.
Eigentlich könnte man diesen Blick, diese Zuwendung zum Partner, zum Zuhörer, von den Kindern lernen. Während Erwachsene mit dem Kopf und den Augen schauen, tun die Kinder dies mit ihrem Bauch,
dem Zentrum ihrer Haltung. Deshalb sind »Kinderaugen« auch so anrührend, können strahlen und unsagbar traurig sein …
Diese »Blickrichtung der Seele« ist auch in unsere Umgangssprache eingegangen: Wir »sprechen offen« mit jemandem, wir bezeichnen einen Freund als »verschlossen«, wir nehmen einen Gast »mit offenen Armen » auf und können einen Kollegen »nicht riechen«, wir »essen auch mit den Augen« oder können eine bestimmte Speise »nicht mehr sehen« …

[1] Erich Engel Schriften über Film und Theater

Um die Funktion dieser »Blickrichtung« übbar zu machen, stellen wir uns unsere Körpermitte als einen »Gefühlsballon« vor.

Dieser Gefühlsballon ist sehr verletzlich und dünnhäutig …

– er bewegt sich nach vorn und zieht den ganzen Körper mit sich, wenn wir freudig einen alten Bekannten begrüßen …

– er eilt unserem Körper voraus, wenn wir die Liebste oder den Liebsten umarmen …

– er »verzichtet« auf den Schutz der Körperhaltung oder der Arme und Hände, wenn wir vertrauenvoll auf jemand zugehen …

– er bedient sich aber dieser Schutzhaltung, wenn wir Gefahr wittern oder jemandem mißtrauen …

– er zieht den ganzen Körper zurück, wenn wir etwas Schreckliches sehen, läßt uns durch den angehaltenen Atem erstarren …

– er dehnt sich bis ins Endlose aus, wenn wir glücklich sind und »diesen Kuß der ganzen Welt« geben wollen …

– er schmilzt und wird unendlich klein, verkriecht sich in uns, wenn wir traurig werden, enttäuscht sind, oder uns verlassen vorkommen …

– er wird Kontakt zum Publikum schaffen, wenn wir den Zuschauern das Gefühl geben, für jeden einzelnen unsere Szene zu spielen …

– er wird den Schauspieler mit einer undurchdringlichen Aura umgeben, wenn er sich in seinem Spiel nur bewundern läßt …

… und der Cherub steht hinter uns, das Paradies ist verriegelt …

Natürlich mischen sich in die Wut eines Angriffs Angst und Vorsicht, in die Trauer ein Funken Hoffnung, in die Darstellung von Glück das Wissen um seine Vergänglichkeit …

Nur die Kinder haben noch die »reine Blickrichtung der Seele«, denn sie können noch staunen, sie sind noch nicht aus dem Paradies vertrieben.

Heinrich von Kleist schreibt: ***»… und der Cherub steht hinter uns, das Paradies ist verriegelt; wir müssen die Reise um die Welt antreten und sehen, ob es vielleicht von hinten irgendwo wieder offen ist …«***[1]

Diese Reise um die Welt muß der Schauspieler des Körpertheaters durch Training, Übung und Beobachtung antreten.

Er muß zu den zu übenden Bewegungs- und Körperschwerpunkten die dazugehörende »Blickrichtung« ausprobieren, sich im gleichen Körperschwerpunkt verschließen und öffnen, Nuancen suchen und Gegensätzlichkeiten zum gesprochenen Wort, er muß ausprobieren, ob er durch seine Blickrichtung Kontakt mit dem Zuschauer aufnehmen kann oder nichtt (siehe dazu im Kapitel über »das Spiel mit und ohne vierte Wand«).

Die verschiedenen Ebenen des Spiels: Klischee, Typ, Charakter …

Um den Lesern ein eventuelles Nachblättern im Lexikon zu ersparen, sollen die oben genannten Begriffe zunächst geklärt werden [2]

– Klischee – *Vorgefertigter Druckstock für Abbildungen, dann übertragen vorgeprägte Wendungen, abgegriffene, durch allzu häufigen Gebrauch verschlissene Bilder, Ausdrucksweisen, Rede- und Denkschemata, die ohne individuelle Überzeugung einfach unbedacht übernommen werden.*

– Typ – *Bestimmte unveränderliche Charaktere mit feststehenden Merkmalen, die besonders im Drama in ihrer Art festgelegt sind und*
in den verschiedensten Stücken in gleicher Weise wiederkehren. Sie dienen der Verspottung der in ihnen verkörperten menschlichen Schwächen im Typenlustspiel

[1] Heinrich von Kleist, Über das Marionettentheater

[2] Sachwörterbuch der Literatur; Gero von Wilpert; Kröner Verlag

und in der Charakterkomödie. Im ernsten Drama bezweckt die typisierende Darstellung ... die Veranschaulichung des Allgemeingültigen, Menschlichen und neigt somit zu Idealisierung. Sie bezeichnet ihre Figuren bewußt durch Standes- und Berufszugehörigkeit als stellvertretend für eine bestimmte Klasse oder Volksschicht.
***– Charakter –** Jede in einem dramatischen oder erzählerischen Werk auftretende, der Wirklichkeit nachgebildete oder fingierte Person, bezw. Figur, d. h. jede durch individuelle Charakterisierung in ihrer persönlichen Eigenart von bloßen Typen abgehobene Person.*

Grundsätzlich sollte jeder Schauspieler und jeder Regisseur bei der Probenarbeit stets wachsam sein, sich nicht in vorgefertigten Ausdrucksweisen – siehe obige Definition – zu verlieren. Ein »Druckstock« steht im krassen Widerspruch zum produzierenden Schauspieler!

Selbstverständlich kann sich der Schauspieler kurzzeitig eines Klischees bedienen, um eben dem Publikum vorzuführen, daß auch der werte Zuschauer nicht frei von Klischees ist.

Sollte man sich aber bei der Gestaltung einer Rolle mit dem »Druckstock« begnügen, wird die Figur mit Sicherheit flach und langweilig.

Der Zuschauer kennt ja bereits die Erscheinungsform, und es werden keinerlei neue Einsichten oder Denkanstöße vermittelt. Die Teilhabe des Zuschauers begnügt sich mit der Anerkennung der körperlichen oder artistischen Fähigkeiten des Schauspielers.

Dies wird an der Darstellung eines Tieres deutlich: Zunächst ist der Gang, die Haltung, der Bewegungsablauf eines Tieres Klischee und damit *geprägt von einem einzigen Körperschwerpunkt,* auch wenn sich dieser aus mehreren Komponenten zusammensetzt. Tritt aber dieses Tier nun in einer Fabel oder Tiergeschichte auf, wie z. B. der Affenkönig King Lu aus dem Dschungelbuch, so muß der dargestellte Affe weitere Körperschwerpunkte und Emotionen aufweisen, wie im Falle des King Louis Eitelkeit, Überheblichkeit, Angebertum und Hinterhältigkeit. Legt der Schauspieler sein Hauptaugenmerk bei der Erarbeitung der Rolle auf den affenartigen Bewegungsablauf, wird sich das Interesse des Zuschauers an der artistischen Fähigkeit des Schauspielers schnell erschöpfen.

Die Charakterdarstellung zeichnet ein individuelles Schicksal. Dies setzt voraus, daß der Schauspieler alle Qualitäten und Fehler der Rollenfigur in sich selbst aufspürt, um dann diese Rolle sozusagen mit »seinem Selbst zu bekleiden«, »aus seinem eigenen Fleisch und Blut zu schaffen«.

Anatoli Efros, der große russische Regisseur klagt: »Schauspieler wissen meistens, wie ihre Figuren gehen, wie sie aussehen, wie sie sprechen, wie sie die Mütze tragen, aber nicht wie sie denken und wie sie empfinden. Sie kopieren das Leben, sie fotografieren es mit mehr oder weniger Geschmack und Können, aber sie sind nicht imstande, es neu zu schaffen. Sie BESCHREIBEN einen Charakter, aber sie LASSEN IHN NICHT ENTSTEHEN.«[1]

Das Körpertheater kann bei der Entstehung – nicht Beschreibung – einer Figur wertvolle Dienste leisten, nämlich durch das einfühlende Schaffen mittels Körperhaltung, *zahlreichen, sich verändernden und wiederholenden Bewegungsschwerpunkten* und den damit verbundenen »Blickrichtungen der Seele« in der Darstellung der Emotion in verschiedenen Situationen.

Der Schauspieler wird sich so mit seiner Rolle identifizieren.

Zugleich versucht er aber, im einzelnen Zuschauer eine Identifikation mit der dargestellten Person zu erreichen.

Die Darstellung eines Typs beinhaltet eine ganz bestimmte ökonomische, soziale und kulturelle Struktur, *einige festgelegte, sich nicht verändernde Körperschwerpunkte und Emotionen* – gleichgültig in welcher Situation die dargestellte Rollenfigur agiert.

Die Typendarstellung ist die Synthese einer bestimmten Schicht, die die Erfahrung vieler Menschen bündelt – derer, die dieser Schicht angehören oder derer, die unter dieser Schicht zu leiden hat.

[1] Anatoli Efros, Die Probe – meine Liebe

Der Typ ist keine individuelle Person, sondern ein »Prototyp« im Sinne des Wortes, die Zusammenfassung der Konflikte, der Probleme und der Ideale einer bestimmten Schicht, Gruppierung oder Gruppe.
Der Typ ist ein Spiegel, der dem Publikum vorgehalten wird, immer verbunden mit der tatsächlich ausgesprochenen oder unausgesprochenen Nachfrage »siehst Du dich auch??« oder der hämischen Feststellung des Narren, der dem Betrachter den Spiegel vors Gesicht hält: »Nun sind unser zwei!«.
Diese Spielweise verlangt nach der sogenannten »a parte«-Technik, bei der sich der Spieler auch an das Publikum wendet und es in sein Spiel miteinbezieht.

Hat Hamlet einen Charakter oder ist er ein Typ?

Erst mit der Zeit der Aufklärung häufen sich in den Theaterstücken die Personen, die nach isolierter, individueller Gestaltung, nach Charakterdarstellung verlangen. Beim größeren Teil der europäischen Theaterliteratur muß man sich aber die Frage stellen, ob man die vorgestellten Figuren charakterisieren oder typisieren sollte.
Im deutschen Kulturbereich sind wir nur allzu oft geneigt, aus Ehrfurcht vor den Klassikern oder aus falsch verstandener »Werktreue« zu individualisieren und die Rollenfigur zum tragischen oder komischen Einzelfall werden zu lassen und sie damit der Unverbindlichkeit der Interpretation und der Sympathie oder Antipathie des Zuschauers preiszugeben.
Ebenso pflegt man allzu oft bei THEATERLITERATUR das Wort LITERATUR zu betonen und das Wort THEATER verschämt zu verschweigen, und setzt damit den Inhalt und den geistigen Gehalt eines Stückes weit über seine Theatralik. In diesem Sinne wird der Literaturunterricht an unseren Schulen auch heutzutage oft noch in der Art der mittelalterlichen Schulen zelebriert, wenn das Lesen mit verteilten Rollen bereits als »Orgie« an Theatralik verstanden wird.
Goethe gab im ***»Morgenblatt für gebildete Stände«*** am 12. Mai 1815 hierfür schon die »Richtlinien« aus:
»Das Höchste, wozu ein Mensch gelangen kann, ist das Bewußtsein eigener Gesinnungen und Gedanken, das Erkennen seiner selbst ...
Nennen wir nun Shakespeare einen der größten Dichter, so gestehen wir sogleich, daß nicht leicht jemand, der sein ***inneres Anschauen*** *aussprach,* ***den Leser*** *in höherem Grade mit in das Bewußtsein der Welt versetzt.*
Shakespeares Werke sind nicht für die Augen des Leibes: *Betrachtet man aber die Shakespeareschen Stücke genau, so enthalten sie viel weniger sinnliche Tat als geistiges Wort. Durchs lebendige Wort wirkt Shakespeare, und dies läßt sich beim Vorlesen am besten überliefern; der Hörer wird nicht zerstreut,* ***weder durch schickliche noch unschickliche Darstellung****. Es gibt keinen höheren Genuß und keinen reineren, als sich mit geschloßnen Augen durch eine natürlich richtige Stimme ein Shakespearsches Stück nicht deklamieren, sondern rezitieren zu lassen.«*
Dieser Text ist eigentlich eine wunderschöne Grabrede auf das Theater. Was soll man als Theatermacher dagegen sagen, wenn er von Goethe geschrieben ist ...?
Allzu oft interpretiert mancher moderne Regisseur auch die Rollenfiguren anhand seiner eigenen seelischen »Wehwehchen«, ohne zu fragen, ob diese Probleme außer ihn auch noch andere Leute interessieren.
So stehen Schauspieler und Regisseure bei fast allen Stücken, die aus der Zeit vor der Aufklärung des 17. Jahrhunderts stammen, vor der Frage, soll man z. B. den »Hamlet« als krankes, bemitleidenswertes und leicht verwirrtes Individuum oder als Typ, d. h. als Vertreter einer typischen Intellektuellenschicht gestalten.
Es würde meiner Meinung nach genügen, Shakespeare genau zu lesen: Hamlet, das Muttersöhnchen, das sich auf der Universität gelangweilt hat, der im Selbstmitleid badet (*»zu fest, zu fest ist dieses Fleisch«*), der Selbstmordgedanken und Weltekel zelebriert (*»müd,*

seicht und unergiebig scheint mir all das Getu der Welt – Pfui drüber!«), der sich in Allgemeinplätzen und in seine cartesianische Denkweise rettet und selbst von einem Vielschwätzer wie Güldenstern ermahnt werden muß *(»Bester Prinz, bringt doch eure Reden etwas in Ordnung und springt nicht so wild von meinem Anliegen ab«).*[1]

Hamlet kann auch als eine Satire auf die damaligen Intellektuellen verstanden werden, die die Logik des cartesianischen Denkens nur dazu benutzten, keine Stellung beziehen zu müssen ... oder gibt es gar einen Bezug zu den heutigen Intellektuellen?

Die Probleme Romeos und Julias kann man selbstverständlich als tragische Einzelschicksale erklären, man kann die beiden aber auch typisierend als egoistische, leicht beschränkte, pubertierende Mitglieder einer Schicki-Micki-Gesellschaft zeichnen, die an den selbstgewählten Spielregeln eben dieser bornierten Gesellschaft scheitern.

Hierzu ist die Lektüre Brechts anzuraten:

»Man muß Helden nicht dadurch charakterisieren, daß man sie niemals erschrocken, Feiglinge dadurch, daß man sie niemals mutig sein läßt, und so weiter. Ist eine Situation zu zeigen, die den Helden tapfer zeigt, so kann der Schauspieler um der Tapferkeit, die er aus der pünktlichen Ausführung aller genußvollen Gesten schöpft, welche aus der bequemsten Haltung zu den vorgeschriebenen Sätzen kommen, einen anderen, vom Dichter nicht gewünschten Akzent verleihen. Nebenbei in einem kleinen eingefügten pantomimischen Zug, einer geschickten gestischen Auslegung eines vorhandenen Satzes die Grausamkeit des Helden gegen seinen Knecht schildern. Der Treue eines Mannes kann er den Geiz gesellen, der Selbstsucht einen weisheitsvollen, der Freiheitsliebe einen beschränkten Charakter verleihen.«[2]

Brecht fordert in seinem epischen Theater das » Spielen in der dritten Person«; ein durchgehendes Gespräch mit dem Zuschauer über das, was eben auf der Bühne geschieht.

Wenn man einmal auf diese Weise Shakespeare liest und versucht, ihn so den Zuschauern zu vermitteln, beendet man damit vielleicht auch die Distanz, mit der viele Menschen auf die »hehren Klassiker« zugehen, bezw. ihnen ausweichen: »Kultur, das ist was für die andern, da gehen wir nicht hin.«[3]

[1] Übersetzung Erich Fried, Verlag Wagenbach
[2] Bertolt Brecht, Über den Beruf des Schauspielers
[3] zitiert aus Fitzgerald Kusz; seid mei uhr nachm mond gäihd; Verlag Klaus Renner

3. Erarbeitung der Körperschwerpunkte

Der Körperschwerpunkt und ein wenig Psychologie …

Welchen Weg soll nun der Schauspieler beschreiten, wenn er eine Figur, eine Person, eine Persönlichkeit auf der Bühne nicht nur beschreiben, sondern entstehen lassen will?
Woher soll er sich die allgemein gültigen Informationen holen, damit die Figur nicht zu privat aus seiner eigenen Person heraus geschaffen wird?
Die Psychologie kennt hier den Begriff »Charakterologie«.
Seit Jahrtausenden staunen die Denker über die Tatsache, daß jeder Mensch einerseits einzigartig und besonders ist, daß aber gleichzeitig viele Menschen die gleichen zentralen Eigenschaften aufweisen.
Stellt man eine solche auffallende Eigenschaft ins Zentrum der Beobachtung, so entsteht ein typisierendes Bild eines menschlichen Wesens, gewissermaßen eine zusammenfassende Beschreibung vieler Menschen – dargestellt in einer Person.
Ist dieses Bild klar und geschickt gekennzeichnet, erinnert es den Zuschauer oder den Leser wieder an einzelne Mitmenschen, an Nachbarn oder Freunde.
Nur durch diese Tatsache wird das Theater interessant. Nur wenige Menschen würde heute noch das Leben und die Probleme des Dänenprinzen Hamlet interessieren, wenn Hamlet nicht auch unsere Probleme widerspiegeln würde.
Die älteste charakterologische Theorie erdachte Empedokles etwa 450 Jahre vor Christi Geburt, einige Jahre später entwickelte Hippokrates seine »Lehre von den Körpersäften«.
Gordon W. Allport – seinem Buch sind auch die folgenden Schemata entnommen – schreibt: »Diese Theorie ist entstanden aus der vierfachen Kosmogonie des Empedokles und hat eine fast ununterbrochene Geschichte. Mit verhältnismäßig wenigen Änderungen ist sie lebendig geblieben von der Morgendämmerung unserer Geschichte bis zum neuesten Lehrbuch der Psychologie. Ihr Ursprung beruhte auf dem Glauben, daß der Mensch ein mikrokosmisches Spiegelbild der Natur sei. Er sollte daher durch sein Wesen alle Eigenschaften des Kosmos ausdrücken.«[1] (Tabelle unten)
Diese Formulierung des bedeutenden Psychologen könnte auch die Antwort auf die Frage sein, was Theater sein soll …
Diese kosmischen Elemente sind die Grundlage der Darstellung der Körperschwerpunkte in den nun folgenden Übungen. **Dabei ist aber klarzustellen, daß die vorgeschlagenen Etüden nur der Erarbeitung einer Rollenfigur dienen und nicht als Hilfe zur**

[1] Gordon W. Allport, Persönlichkeit

Kosmische Elemente	ihre Merkmale	entsprechende Körpersäfte »humores«	entsprechende Temperamente
Empedokles	450 v. Chr.	Hippokrates	400 v. Chr.
Luft	warm u. feucht	Blut	sanguinisch
Erde	kalt u. trocken	schwarze Galle	melancholisch
Feuer	warm u. trocken	gelbe Galle	cholerisch
Wasser	kalt u. feucht	Schleim (Phlegma)	phlegmatisch

»psychologischen Analyse« der Mitmenschen zu verstehen sind.

Die Darstellung der Emotion und ein wenig Psychologie …

Wie bei der Erarbeitung der Körperschwerpunkte und ihrer Bewegungen kann auch bei der Darstellung der Emotion – bei der »Blickrichtung der Seele« – die Psychologie wertvolle Anregungen geben:
»So ist die vierfache Klassifikation des Temperaments (melancholisch, sanguinisch, cholerisch und phlegmatisch) noch brauchbar wegen gewisser fundamentaler Arten der emotionalen Reizbeantwortung. Nach Wundt können die Menschen sich unterscheiden nach der ***SCHNELLIGKEIT*** *oder nach der* ***STÄRKE*** *der Gefühlsentstehung. Die vier Temperamente sind im wesentlichen die Kombinationen, die sich aus einer zweidimensionalen Ordnung ergeben* (Schema 1).
Aber auch ***BREITE*** *und* ***TIEFE*** *sind wichtige Unterscheidungsmomente* (Schema 2)
Sogar noch eine andere Ordnung kann man durchführen, wenn man den vorherrschenden Gefühlston heranzieht, ***LUST*** *und* ***UNLUST****, gepaart mit den kinetischen Dimensionen von* ***ERREGUNG*** *und* ***RUHE:*** *Schema 3.*
Nun sollen diese psychologischen Schemata in die Sprache des Körpertheaters »übersetzt« werden, wobei der Einfachheit halber die sehr einengenden Begriffe »Cholerisch, sanguinisch, phlegmatisch und melancholisch« zunächst weiter benützt werden.

[1] Alle Schemata entnommen: Gordon W. Allport; Persönlichkeit

Schema 1		
	Stark	*Schwach*
Schnell	*Cholerisch*	*Sanguinisch*
Langsam	*Melancholisch*	*Phlegmatisch*

Schema 2		
	Tief	*Flach*
Breite	*Cholerisch*	*Sanguinisch*
Enge	*Melancholisch*	*Phlegmatisch*

S chema 3		
	Lust	*Unlust*
Erregung	*Sanguinisch*	*Cholerisch*
Ruhe	*Melancholisch*	*Phlegmatisch*

In der Probenarbeit und bei der Erarbeitung einer Rollenfigur sollte man sich aber keinesfalls mit derartigen »Überschriften« zufriedengeben.

Zu Schema 1.

Unter »Gefühlsbewegung« ist nun im folgenden die oben beschriebene Blickrichtung der »Seele der Bewegung«, der Gefühlsballon – kurz die Darstellung der Emotion zu verstehen:

Reagiert eine Rollenfigur sehr *schnell mit starker Gefühlsbewegung* auf ein Ereignis, eine Botschaft oder ein Wort, so erweckt sie beim Zuschauer *einen cholerischen Eindruck, in einer schwachen Reaktion einen sanguinischen Eindruck.*

Reagiert die Rollenfigur auf dasselbe Ereignis *langsam* mit *starker Gefühlsbewegung*, so erweckt sie einen *melancholischen Eindruck,* während sie bei *schwacher Gefühlsbewegung* einen *phlegmatischen Eindruck* darstellt.

Ein Improvisationsbeispiel soll diese theoretischen Feststellungen erhellen:

Eine Frau sitzt am Tisch und schreibt. Die Tür öffnet sich, und ein Mann tritt ein. Die Frau steht schnell vom Stuhl auf und geht auf den Mann zu , bleibt knapp vor ihm stehen und sagt: »Warum haben Sie das nicht gleich gesagt?«

– Schnelle, heftige Bewegungen und ein hartes Anpacken des Partners werden die Spielerin »cholerisch« erscheinen lassen, während sanfte, »schwache« Gesten im gleichen Tempo einen sanguinischen Eindruck beim Zuschauer erwecken werden …

– Reagiert die Frau langsam und läßt den Mann warten, bis sie Kontakt mit ihm aufnimmt, fragt sie aber dann laut und deutlich, so wird sie wie eine »melancholische« Beamtin, die von ihrem Dienst genervt ist, leidend, erscheinen.

Eine gemurmelte Frage wird einen »phlegmatischen« Eindruck der Frau entstehen lassen …

Zu Schema 2:

Öffnet ein Spieler seinen »Gefühlsballon« weit (= Breite), wendet sich dem Mitspieler zu und nimmt intensiven Kontakt mit Augen und Körper auf, so wird er eine »tiefere« Wirkung seiner Kontaktaufnahme beim Zuschauer erzeugen, als wenn er sich dem Partner »oberflächlich« zuwendet.

Verschließt sich ein Spieler einem Ereignis oder einem Partner und wendet die »Blickrichtung« ab (= Enge), so wird er bei heftiger, starker Gefühlsbewegung einen melancholischen, bei schwacher, uninteressierter aber einen phlegmatischen Eindruck erwecken.

Zu Schema 3:

Ähnlich verhält es sich bei den »Gefühlstönen«, die wir zunächst nach Allport *Lust* (= Zuwendung, Öffnung des Solarplexus) und *Unlust* (= Abschließen des Solarplexus) nennen:

Es ist schwierig, in einer ruhigen Szene Melancholie von Phlegma unterscheidbar zu machen …

Ein schüchterner, junger Mann sitzt im Café, er ist in sich zusammengesunken, sein Körperschwerpunkt zeigt Verklemmtheit und Schwäche … Er blickt zu einer attraktiven Frau, die am Nebentisch sitzt …

– Schließt er seinen »Gefühlsballon« ab und zeigt »Unlust«, so signalisiert er dem Zuschauer phlegmatische Haltung und Desinteresse. Ihm sind alle Frauen, und besonders die am Nebentisch, egal.

Öffnet er seine »Blickrichtung« dann auch noch in Richtung seines Bieres, so wird der Zuschauer kaum den Beginn einer Liebesszene erwarten …

– Öffnet er sich weit und blickt mit tiefen Seufzern zur Frau (er hätte schon gerne »Lust)«, so wird er das Bild eines Melancholikers erzeugen, der sich nicht traut, eine Frau anzusprechen, weil er sowieso nie Erfolg bei Frauen hat und sich gegen dieses »Schicksal« nicht aufzulehnen wagt.

In einer turbulenten Szene – z. B. einer Streitszene – ist es ebenso schwierig die Darstellung eines sanguinischen Menschen, und damit versöhnungsbereiten, von einem cholerischen, und damit unversöhnlichen Streitpartner zu trennen:

Ein Mann und eine Frau streiten sich. Sie wenden sich den Rücken zu. Nun dreht sich die Frau um und spricht vorwurfsvoll zu ihrem Partner. Dieser dreht sich nun auch zur Frau und geht mit den Worten »... ist doch alles nicht so schlimm , Liebling!« auf sie zu ...

– Öffnet er seinen »Gefühlsballon« weit, nimmt er Augenkontakt auf, so erweckt er einen versöhnungsbereiten Eindruck. Seine Stimme wird durch den weitgeöffneten Solarplexus ruhig und »streichelnd« sein.

– Verschließt er seine Emotion, so wird sein Gesichtsausdruck hart. Er blickt, während er spricht, durch sie hindurch oder auf sie herab. Er will und kann sie nicht mehr riechen, sehen. Seine Worte sind eine Fortsetzung des Streites ...

Die Charakterisierung ist oft im Text schon vorgegeben ...

»Eine erfolgreiche Chrakteristik ist eine kurze Schilderung, welche einen allgemeinen Typus menschlichen Wesens so geschickt kennzeichnet, daß sie von den Lesern jeden Alters und jeden Landes als vereinfachtes, aber im wesentlichen korrektes Bild angesehen und verstanden wird. Beschreibungen einzelner Individuen sind nicht Charakteristiken, sie sind Porträts. Gewiß sind die Grenzen von Charakteristik und Porträts fließend ...«

Wenn wir davon ausgehen, daß Rollenfiguren immer allen Zuschauern verständlich sein sollten und daß Theater nie vom Schicksal eines einzelnen berichtet, sondern allgemeingültig sein sollte, handelt es sich bei der Darstellung eines Menschen auf der Bühne stets um eine »Charakteristik« im Sinne des oben zitierten Psychologen Allport.

Schon Aristoteles zeichnet Charakteristiken. Sein Schüler Theophrast (372 v. Chr.–286 v. Chr.) wurde durch seine glänzenden Darstellungen menschlicher Typen berühmt; für unzählige Nachahmer in den folgenden 2000 Jahren dienten sie als Modell.

In seinem Büchlein »Charaktere« beschreibt er den Schmeichler, den Gerüchtemacher, den Prahler, den Nörgler und viele andere.

Es ist eine Besonderheit von Theophrasts Charakteristiken, daß sie alle etwas lasterhafte oder zumindest unerfreuliche Persönlichkeitstypen darstellen. Ob er die guten Menschen zu langweilig fand oder ob er den Athenern ihr niedriges Betragen als Spiegel vorhalten wollte, wissen wir nicht.

Vermutlich sind gute Menschen einfach nicht so interessant für eine Darstellung. Im Kapitel »Bau der Rollenfigur« werden einige Charaktere des Theophrast als Übungsbeispiele vorgestellt.

Auch im mittelalterlichen Mysterienspiel sind die »schlechten« allegorischen Figuren – die »Sieben Todsünden«: Neid, Geiz, Wollust, Trägheit, Zorn, Freßsucht und Stolz – viel leichter und interessanter darzustellen als z. B. die »Guten Werke der Barmherzigkeit«.

Ein weiterer Grund für die Tatsache, daß schlechte Menschen als Bühnenfiguren interessanter sind, mag in der »Körperhaftigkeit« dieser Figuren liegen:

Verübt ein Mensch ein Werk der Barmherzigkeit, indem er die Hungernden speist, die Kranken pflegt oder die Gefangenen besucht, so ist dies eine HANDLUNG, die vom Intellekt gesteuert und angeregt wird, aber somit auch fast körperlos ist. Man kann auch ohne Körper – sieht man von der unterschreibenden Hand ab – mit einem Scheck, dreitausend Kilometer vom Aufenthaltsort entfernt, die Hungernden speisen ...

Neid und Geiz aber sind körperhafte HALTUNGEN, die ein »zentrales Motiv« voraussetzen, das sich in einem Körperschwerpunkt äußert, der diese Person kennzeichnet.

Zu allen Zeiten haben Schriftsteller und Denker Haltungen und Körperschwerpunkte als Bilder von großer Aussagekraft herangezogen. So beschreibt z. B. Erasmus von Rotterdam in seinem »Lob der Torheit« pures Körpertheater, wenn er sagt, daß ...

»... die Ratio (=Verstand) im Falle der Aufregung und Erregung wenig auszurichten vermag gegen die »Burg der Brust« und die »Gefilde des Unterleibs«.

Insgesamt sollte man bei der Erarbeitung einer Rollenfigur oder eines Theatertextes dem Text selbst vertrauen.

Viele Dichter und Stückeschreiber haben die von ihnen geschaffenen Figuren mit genauen Charakteristiken versehen und in Dialogen, wo die Personen über sich oder über andere sprechen, die Rollen fast »körperhaft« beschrieben. Die Körperhaftigkeit einer Rollenfigur aber – erarbeitet mit den Mitteln des Körpertheaters – macht die Figur erst unverwechselbar. »Wenn man den Körper einer Figur gefunden hat, dann entsteht auch die Wahrheit der Figur«, sagt Gerd Voss, einer der größten Schauspieler unserer Zeit.

Oft sind es nur kurze Bemerkungen, die körperhaft umgesetzt, einen »weiteren Stein im gesamten Mosaik der Figur« ergeben.

Besonders die Dichter, die direkt für ihre Theatertruppen schrieben, – wie z. B. Shakespeare, Molière, Goldoni –, charakterisieren ihre Figuren sozusagen »darstellungsgerecht«.

In Shakespeares »Romeo und Julia« wird Tybalt folgendermaßen charakterisiert:

Mercutio über Tybalt: ***Rattenfänger … ein Prahler, ein Schuft, der nach dem Rechenbuche ficht.***

Tybalt hat also nach den Aussagen Mercutios – der ihm allerdings nicht wohlgesinnt ist – den Körperschwerpunkt und die Emotion eines Angebers, der andere mit großen Worten, aber kleinen Taten wie ein Rattenfänger betört. Er blendet mit seinem Namen, aber er ist hohl … Er übt seine Fechtkunst aus, wie es im Anleitungsbuch steht … er ist ein Pedant, der sich gerne aufspielt …

Capulet zu Tybalt: ***Herr Junge, Herrlein, hört er das? Wer ist hier der Herr? Er oder ich? So? Will er ihn nicht leiden? Will Hader unter meinen Gästen stiften? Den Hahn im Korbe spielen! … Ihr seid ein kecker Bursch.***

Wieder wird der Körperschwerpunkt des Gernegroß beschrieben … Er hat die Attitüden eines Hahnes im Korb … »Herrlein, Hahn« … körperlicher kann man einen Menschen nicht beschreiben …

Tybalt über sich: ***Mir kämpft Geduld aus Zwang mit willger Wut im Innern und empört mein siedend Blut …***

Fast die Anleitung zu einer Etüde zum Zusammenbau mehrerer Körperschwerpunkte: Geduld und erzwungene Trägheit, Wut und Selbstbewußtsein, siedendes Blut. Im Sinne von Empedokles und Hippokrates: Feuer, gelbe Galle, cholerisch – oft allzu schnelle, stets übertriebene Gefühlsentstehung – immer in Erregung, pendelnd zwischen Lust und Unlust …

4. Die Elemente des Empedokles

Das Element Erde

Das Element der Erde ist kalt und trocken, sagt Empedokles ... Der Volksmund hat aber noch eine Vielzahl von Sprachbildern, die einen »erdigen« Menschen bezeichnen: Erdenschwere ... ein gestandner Mensch ... ein Mensch wie ein Baum ... ein Mensch ist in seiner Heimat verwurzelt ... er steht mit beiden Beinen im Leben ... er ist ein Turm in der Schlacht oder ein Fels in der Brandung ...

Die Statik des Körperschwerpunktes ERDE gleicht einem Gewölbe, das wir nun errichten:

Wir stehen etwas breitbeinig und stellen uns vor, unsere Fußsohlen sind am Boden festgeklebt ... Unser Körper ist nun absolut instabil; wenn uns jemand einen Schubs geben würde, würden wir »aus den Latschen kippen«.

Nun bauen wir das Gewölbe weiter: Wir stellen unsere Fußknöchel fest über die Sohlen ... Mit Skischuhen an den Füßen haben wir eine ähnliche Statik. Nun setzen wir die Knie und das Becken als »Steine« über Sohlen und Knöchel und vervollständigen damit den »Torbogen« aus Füßen, Beinen und Becken. Trotzdem sind wir noch instabil ... Erst durch den »Gewölbeschlußstein« geben wir diesem Gewölbebogen die nötige Festigkeit. Unser Zentrum, der Bauch, lastet auf den Beinen, wir atmen dabei aus ...

Viele Kostümteile bestärken diesen Schwerpunkt der »Standfestigkeit«, der »Unverrückbarkeit«: der bodenlange Mantel eines Königs,die hohen Stiefel eines Landsknechts, die Lederbeinlinge eines Cowboys.

DIE TRÄGHEIT UND DIE MÜDIGKEIT

Wir stehen im Körperschwerpunkt ERDE:

Nun lassen wir die Spannung unserer Körperhaltung schlagartig los.

Damit fällt sozusagen der Gewölbeschlußstein aus dem Bogen nach unten. Unser Oberkörper wird schlaff und pendelt leicht hin und her. Wir sind im Schwerpunkt der TRÄGHEIT, die wir als »kurzzeitigen, freiwilligen Verzicht auf Stärke« bezeichnen können.

Wenn wir wieder in die Ausgangstellung zurückkehren, stellen wir mit der Muskulatur der Oberschenkel die alte Spannung wieder her.

Wir haben uns über Beine und Becken wieder aufgerichtet.

Wieder stehen wir im Schwerpunkt ERDE:

Nun lassen wir die Säulen des Gewölbes – unsere Beine – müde und schwach werden. Unsere Knie werden weich und sacken ein. »Das Gewölbe ist kurz vor dem Einsturz ...« Wieder wird dadurch unser Oberkörper schlaff. Wir sind im Schwerpunkt der MÜDIGKEIT.

Wo ist aber nun der Unterschied zwischen Trägheit und Müdigkeit?

Wenn der Vorhang sich öffnet, und auf der Bühne steht ein Mensch auf wackeligen Beinen mit hängendem Oberkörper, wissen wir zunächst nicht, ob dieser Mensch müde oder träge ist. Erst durch das Aufrichten wird eine Unterscheidung möglich. Denn wenn die Säulen der Beine »morsch« und »ermüdet« sind, können sie den Körper nicht mehr aufrichten. Wir brauchen sozusagen eine Hilfskonstruktion: Wir heben bei Müdigkeit den Oberkörper nicht mit den Oberschenkeln, sondern mit den Schultern hoch.

Dieser Unterschied beeinflußt nun das Sprechen und das Atmen, die Mimik und alle Bewegungen:

– bei *Trägheit* ist unser Zwerchfell locker, unsere Stimme wird teilnahmslos, sozusagen aus dem unteren Teil des Körpers tönend, lässig in der Aussprache ...

– bei *Müdigkeit* ist das Aufrichten des Körpers meist mit einem Seufzer verbunden, unsere Stimme ist leicht gepreßt, weil das Zwerchfell angespannt ist ...

– die Schritte sind im Schwerpunkt *Trägheit* geschmeidig und fast elegant, da wir noch Kraft in den Beinen und Oberschenkeln besitzen ...

Die Erde

Die Trägheit

– müde Beine erzeugen einen schleppenden Gang …
– wenn wir im trägen Zustand gähnen, betonen wir das Einatmen …
– bei Müdigkeit gähnen wir, indem wir das Ausatmen betonen …

DAS ALTER

Wenn ein Mensch altert, geschehen vier Veränderungen im äußerlichen Erscheinungsbild und in der »Statik« des Körpers:
Natürlich altert jeder Mensch anders; aber hier sind Verallgemeinerungen nötig, da es sich um eine Darstellung, nicht um eine realistische Schilderung und Nachahmung handelt.
– der Mensch geht zunächst in eine »Erschlaffungshaltung«: die Bauchdecke wölbt sich leicht nach außen, da das Gewölbe aus Beinen und Zentrum nicht mehr so »stabil ist wie früher«;
– der Brustkorb sinkt nach innen … damit neigt sich der Kopf vom Nacken aus,
– diese Neigung, die durch das Einsinken des Brustkorbs entstanden ist, wird nun ausgeglichen, indem man den Kopf wieder über eine Streckung des Kinns hebt,
– durch diese Haltung entsteht nun eine Spannung im Rücken und Schultergürtel. Wir warten ab, bis uns diese Haltung regelrecht zwingt, in den Knien leicht einzuknicken, um die Spannung zu verringern …
In dieser Haltung wird der Körper regelrecht fixiert, die Beweglichkeit der Gelenke ist eingeschränkt, die Beine sind fast unbeweglich, die Stimme ist müde und leise.
Der Haltungsschwerpunkt *ALTER* gleicht dem der *MÜDIGKEIT* und der *TRÄGHEIT*.
Wenn wir uns aber aufrichten wollen, werden wir merken, daß dies weder über den Schultergürtel (Aufrichten aus der *MÜDIGKEIT*), noch über die Oberschenkel (Aufrichten aus der *TRÄGHEIT*) möglich ist: Alter ist eben eine irreparable Müdigkeit.
Trotzdem ist ein Aufrichten durch eine Veränderung der Körperstatik möglich:
Wir kippen das Becken ins Hohlkreuz und schon können wir die Beine wieder »mit jugendlichem Elan« heben, können wir dynamische Bewegungen ausführen und mit lauter, heller Stimme sprechen.
Will man einen komischen Effekt erreichen, wie z. B. bei der Darstellung des lüsternen Alten Pantalone aus der Commedia, so muß man die Haltung mit gekipptem Becken einnehmen, da eine »normale Haltung des *ALTERS* nur Mitleid, aber keinerlei Komik erzeugt.

DIE SÄTTIGUNG

Lassen wir im Körperschwerpunkt *ERDE* den »Gewölbeschlußstein«, unseren Bauch, anschwellen, so daß er schwerer und schwerer wird, daß wir ihn mit den Händen umfassen müssen, weil er gar zu sehr auf das Gewölbe der Beine drückt, so befinden wir uns im Schwerpunkt der *SÄTTIGUNG*. Der Bauch zieht den Körper gegen die Erde, macht ihn unbeweglich oder bequem.
Wir sind satt und haben eigentlich nur das Bedürfnis, uns breitbeinig hinzusetzen, um das Gewölbe der Beine zu entlasten.
Treiben wir die Sättigung weiter, so schichten wir in unserer Speiseröhre sozusagen eine »Säule« auf unserem Bauch, bis uns »etwas bis zum Hals steht«.

DER HUNGER

Ist unser Bauch leer, knurrt uns der Magen, so haben wir auch wackelige Beine. Im Körperschwerpunkt *ERDE* stehend, fühlen wir, wie dieser Gewölbeschlußstein immer hohler wird (Hungerkranke haben aufgedunsene Bäuche!) und die Statik unseres Körpers sehr labil wird. Wir spüren, wie auch die Säule, die den Bauch mit dem Kopf verbindet, leer ist, wie der Mund trocken wird, der Unterkiefer sich lockert…

DIE STÄRKE

Wiederum stehen wir im Schwerpunkt *ERDE* und fühlen das starke Gewölbe, das Beine und Becken zusammen mit dem Zentrum unseres Körpers bilden; wir

Die Sättigung

stehen »unerschütterlich«. Das Gewölbe ist so stark, daß es das Fundament für ein Gebäude sein kann …
Wir schichten nun – es ist gut, wenn man diese Bewegungen tatsächlich pantomimisch ausführt – vor unserem Brustkorb eine Mauer auf, legen die Arme auf die Mauerkrone und können nun »richtig frech« über diese Mauer hinweg auf unsere Umwelt schauen: Wir stehen im Schwerpunkt der STÄRKE.
Unsere Stimme ist noch fester und tragender als im Schwerpunkt ERDE, der Blick beherrschend, unsere Schultern sind »breiter« geworden.
Zu allen Zeiten hat die Mode diesen Schwerpunkt der Stärke hervorgehoben: durch den Brustpanzer des Soldaten, die Schulterklappen und Rangabzeichen auf den Schultern der Offiziere, die Orden, die man sich stolz an die Brust heftet, die Schulterpolster in den Pullis und Blusen der emanzipierten Damen …
Meist krönt auch noch eine Kopfbedeckung diese »Burg der Brust«: eine Krone, ein Federhut, ein Helm oder eine Uniformmütze.

DER ZORN
Die »Burg der Brust« läßt Angriffe auf uns wie an einer Mauer abprallen. Häufen sich jedoch die Angriffe, ärgern wir uns über etwas, so beginnt es langsam in uns zu »kochen«. Betrachten wir den »aufgepumpten« Brustkorb, den hauptsächlichen Schwerpunkt der *STÄRKE*, als eine Art Dampfkessel, so brodelt es regelrecht in uns, wenn die *STÄRKE* ein Ventil sucht. Das Blut schießt uns ins Gesicht, der Atem geht stoßweise, unsere *STÄRKE* wird zusehends unkontrollierbar, »uns platzt der Kragen« oder wir »explodieren«.
Bei der Darstellung des Zorns muß bedacht werden, daß dieser Schwerpunkt nicht auf einmal, sondern nur schrittweise entstehen kann. Auch wenn ein Spieler wütend und zornig auf die Bühne stürzen muß, ist es notwendig , in der ›Gasse‹ – außerhalb der Bühne – den Zorn schrittweise aufzubauen.

DIE SCHEINBARE STÄRKE
Nun soll es vorkommen, daß ein Mensch diesen Schwerpunkt nicht von sich aus herstellen kann, den Anschein der STÄRKE aber vielleicht berufsmäßig braucht. Er wird also versuchen den Schwerpunkt *STÄRKE* nicht von innen, sondern von außen herzustellen:
Wir nehmen unsere Hand wie den Schirm einer Mütze vor die Stirn und schieben nun den Schirm immer tiefer ins Gesicht, bis er fast die Nase berührt. Wenn wir nun einige Schritte tun wollen, müssen wir uns in der Art des Schwerpunkts STÄRKE aufrichten, um nicht zu stolpern. Wir wirken nun stark, sind es aber nicht, denn unser Körper hat seine Statik nur aus der Bewegung, nicht aus dem Schwerpunkt. Viele Uniformträger benützen diese Haltung der *SCHEINBAREN STÄRKE* …
Man kann alle Schwerpunkte auf diese Weise »von außen her« erzeugen und damit zur Darstellung von Menschen kommen, die »hohl« sind, die »nur so tun als ob«, die in unbeobachteten Momenten in ihre eigentliche Haltung zurückfallen oder vor anderen ihren Schwerpunkt ständig »nachbessern« müssen: die Heuchler und Frömmler, die Angeber und Großsprecher, die Scheinheiligen und die scheinbar Demütigen.

DIE EMOTIONEN IM ELEMENT ERDE
Nun kommt mit der »Blickrichtung der Seele der Bewegung«, mit der Darstellung der Emotion, eine weitere Komponente zu unserer Darstellung hinzu:
– Erde »offen« … steht ein Mensch im Schwerpunkt *ERDE* und öffnet dabei seinen Solarplexus weit, richtet seine Aufmerksamkeit auf den Partner oder das Ereignis, so wird er ruhig und gelassen, abwartend, aber interessiert wirken. Seine Stimme wird fest und ruhig, was er zu sagen hat, hat »Hand und Fuß«.
– Erde »geschlossen« … verschließt sich ein Mensch im Schwerpunkt *ERDE* und wendet er seine Aufmerksamkeit von der Umwelt ab, wirkt er zwar ruhig, aber »abwesend« …

Die scheinbare Stärke

– **Trägheit »offen« …** ein Mensch, der in träger Haltung seine Umwelt und seine Mitmenschen auffällig beobachtet, wird »cool« oder ironisch wirken, da sein Schwerpunkt der Trägheit eigentlich im Widerspruch zu seiner Zuwendung zu den Ereignissen steht …
– **Trägheit »geschlossen« …** verschließt sich ein Mensch in der gleichen Haltung und »will nichts mehr von der Welt wissen«, dann signalisiert er allen Mitmenschen, daß er eigentlich »Null Bock auf Nix« hat …
– **Müdigkeit »geschlossen« …** der Schwerpunkt der Müdigkeit impliziert eigentlich ein Verschließen der Emotion, eine Abwendung der Aufmerksamkeit: Wir sind eben müde und wollen nichts anderes als ausruhen …
– **Müdigkeit »offen« …** versuchen wir krampfhaft, einen Kontakt aufrechtzuerhalten, so werden uns immer wieder die Augen zufallen …
– **Sättigung »offen« …** eigentlich impliziert *SÄTTIGUNG* bereits eine Abwendung vom Objekt der Begierde. Wenden wir trotzdem unsere Aufmerksamkeit den Dingen, die uns sättigen zu, und können nicht genug von ihnen bekommen, so wirken wir gierig, genußsüchtig und verfressen …
– **Sättigung »geschlossen« …** sind wir endlich »abgefüllt«, haben wir einen gewissen »Sättigungsgrad« erreicht, so wenden wir uns ab, verschließen uns und wollen nichts mehr von all den guten Sachen hören, riechen und sehen …
– **Hunger »offen« …** so wie die SÄTTIGUNG Abwendung, impliziert der HUNGER eine Zuwendung. Wir suchen mit unserem ganzen Körper, wo und womit wir unseren Hunger befriedigen können …
– **Hunger »geschlossen« …** verschließt sich ein Mensch im Schwerpunkt *HUNGER* von seiner Umgebung, so hat er resigniert und die »Nahrungssuche« aufgegeben …
– **Stärke »offen« …** öffnet ein Mensch im Schwerpunkt STÄRKE seinen Solarplexus, so erweckt er den Eindruck »Was kostet die Welt?«. Er schaut fordernd auf seine Mitmenschen und ist stark genug seine Ansprüche auch durchzusetzen …
– **Stärke »geschlossen« …** bricht ein Mensch in diesem Schwerpunkt *STÄRKE* jeden Kontakt zu seiner Umwelt ab, so wird er unberechenbar und gefährlich wirken, selbstgefällig, aber vielleicht auch unnahbar oder erhaben.
– **Alter »offen« …** hat ein Mensch in diesem Schwerpunkt regen Kontakt zur Umwelt, so wirkt er trotz der eingeschränkten Bewegungsfähigkeit noch agil und unternehmungslustig, er will das Steuer noch nicht aus der Hand geben …
– **Alter »geschlossen« …** durch das Verschließen des Solarplexus wird die Haltung »verhärtet«.

Das Element Luft

Auch für den Körperschwerpunkt LUFT hat die Sprache viele Bilder: ein Hans-guck-in-die-Luft, ein Luftikus, ein Mensch spricht abgehoben, ein anderer wohnt in Wolkenkuckucksheim, man schwebt wie auf Wolken oder man ist ganz einfach »high« …
Wir stehen im Schwerpunkt *ERDE* und verändern nun die Statik unseres Körpers. Am besten vollführt man die vorgeschlagenen Bewegungen pantomimisch, um den Körper wirklich in die Lage zu bringen:
Wir bohren nun in unsere Schultern links und rechts ein Loch, fädeln in diese Löcher eine Schnur ein und verknoten diese. Nun werfen wir diese beiden Schnüre über eine Stange, die über unseren Köpfen angebracht ist und ergreifen die herunterhängenden Schnurenden …
Wenn wir jetzt an diesen Schnurenden ziehen, verändern wir die gesamte Statik unseres Körpers. Wir hängen wie eine Marionette an Schnüren, das Gewölbe der Beine wird überflüssig, der Brustkorb sozusagen »freitragend«, die Füße berühren eigentlich nur noch den Boden, aber lasten nicht mehr darauf.
Wir befinden uns im Körperschwerpunkt *LUFT*: Unsere Stimme wird sanft und schwebend oder kichernd und

Die Luft

gicksend, die Bewegungen werden vom Einatmen »getragen«.
Bei der Erarbeitung dieses Körperschwerpunktes sollte man sich stets an den Grundsatz »Nicht du tust etwas, bringe den Körper in die Lage …« erinnern: Der Schwerpunkt *LUFT* entsteht nicht, wenn man die Fersen und die Schultern hebt; man wird dabei nur ein erdiger Mensch bleiben, der abheben ***möchte***.
Öffnet nun ein Mensch in dieser Körperhaltung seinen Solarplexus weit – was eigentlich die adäquate Gefühlsbewegung zum Schwerpunkt LUFT ist – so wird er den Eindruck erwecken, alles in sich aufnehmen zu wollen und dennoch über den Dingen zu schweben, schließt er seine Emotion gegen die Umwelt ab, so wird er einen Menschen darstellen, der sich selbst zum Glück genügt.

DIE ÜBERHEBLICHKEIT
Erzeugt man diese schwebende Körperhaltung nicht »von innen« durch die beschriebene Änderung der Statik, sondern erzwingt sie durch »außen«, indem der gestreckte Nacken und der leicht geneigte und in Spannung gehaltene Kopf die »erhobene Haltung« erzeugen, so wirkt man »überheblich«.
Die Kleiderordnungen des Mittelalters erzählen davon, daß es den Angehörigen der niedrigen Stände verboten war, sich » über ihren Stand« zu erheben. Die Kleidung der Herrschenden betonte stets diese Streckung des Nackens und macht ein Absinken des Oberkörpers unmöglich: der Kragen des altägyptischen Pharaos, die Brünne des Ritters, die Halskrause des spanischen Grande, das Jabot aus Spitzen um den Hals des Barockfürsten, ja selbst die Krawatte oder die Fliege sind heutzutage noch ein Teil der »gehobenen« Kleidung. Malerische Kopfbedeckungen, Barette, langes wallendes Haar und Perücken unterstützen ebenfalls diese Haltung.

– Überheblichkeit »offen« … nimmt ein Mensch im Schwerpunkt *ÜBERHEBLICHKEIT* Kontakt zu seinen Mitmenschen, so ist ihm an ihrem Urteil über ihn gelegen; stellt er durch den Augenkontakt in dieser Haltung an seine Umgebung die unausgesprochene Frage »Na, wie findest du mich?«, so wirkt er eitel oder selbstgefällig, weil er auf andere herabsieht …
– Überheblichkeit »geschlossen« … bricht man in diesem Schwerpunkt den Kontakt zur Umwelt ab, weil man sich selbst genügt oder weil die »anderen Luft« sind, dann trägt man die »Nase hoch«, wirkt arrogant und stolz …

DIE MISSGUNST
Wird der Schwerpunkt der LUFT durch ein vorgeschobenes Kinn und durch den im Brustkorb angehaltenen Atem »erzeugt«, so entsteht der Körperschwerpunkt *MISSGUNST*. Die Spannung des Oberkörpers läßt die Schultern nach vorne wölben, die Arme schließen sich um den Brustkorb oder vollführen abgehackte, unharmonische Bewegungen. Die Stimme wird dünn und keifend, Worte werden durch Atemgeräusche begleitet oder gar ersetzt.
– Mißgunst »geschlossen« … schließt man sich – unterstützt durch die den Oberkörper umfassenden Arme – von der Umwelt ab, so entsteht die klassische Haltung eines Geizigen. In diesem Schwerpunkt kann man den Solarplexus in der Abwehr einer erwarteten Spende vollkommen abkapseln, gleichzeitig aber wieder die Emotion »einen kleinen Spalt« und voll Vorwurf über die Erwartung von Freigebigkeit öffnen …
– Mißgunst »offen« … richtet man im Körperschwerpunkt *MISSGUNST* sein Interesse auf einen Mitmenschen oder ein Ereignis, unterstützt vielleicht durch den gestreckten Arm und Zeigefinger, so kann eigentlich nicht von »Öffnung« die Rede sein. Man blickt »reserviert« oder »neidisch« auf das Objekt der Mißgunst, so wie man es oft bei Leuten beobachten kann, die mit ihrem Kißchen auf dem Fensterbrett die Welt »da draußen« beobachten und kommentieren …

Die Mißgunst

Das Element Wasser

»Alles Leben entstand im Wasser ...«, wir sprechen von »flüssiger Rede«, und man kann sich bewegen wie der »Fisch im Wasser ...« oder sich so wohl fühlen wie ein Fisch im Wasser ...«, »jemand hat nahe am Wasser gebaut« ... oder kommt sich gar »überflüssig« vor ...
Wieder stehen wir im Schwerpunkt ERDE und erfühlen die Schwere. Nun umschreiben wir mit den Händen unser Zentrum in Kreisen und lassen in der Folge dieser Kreise dann die Hände und Arme immer wieder in Wellen auslaufen und dann zum Zentrum zurückkehren.
Unser Zentrum wird zur Kugel, die im Wasser schwimmt.
Wir fühlen uns emporgehoben, spüren den Auftrieb, aber auch gleichzeitig, daß unser Körper schwerer ist als das uns umgebende Element.
Die Wellenbewegungen des Wassers gehen in unsere Arme und Beine und in den Rumpf über. Das Atmen ist bestimmt vom bewußten Wechsel von Ausatmen, kurzes Innehalten, Einatmen und wieder kurzes Innehalten bis zum nächsten Ausatmen.

– Wasser »offen« ... nimmt ein Mensch im Schwerpunkt WASSER seine Umwelt auf und schafft Kontakt zu ihr, so kann er sie umschmeicheln wie sanfte Wellen und z. B. mit einem Wiegenlied ein Kind beruhigen oder einen Mitmenschen mit aggressiven Worten bedrängen wie die Wellen einer starken Brandung und dabei »mitreißend« reden »wie ein Wasserfall« ...

– Wasser »geschlossen« ... verschließt sich jemand im gleichen Schwerpunkt so kann er Ruhe ausstrahlen, denn »stille Wasser gründen tief«. Er kann sich »treiben lassen, wie ein Blatt auf dem Wasser« oder sich gar »abschotten« von der Umwelt und sich zurückziehen zum Körperschaukeln eines hospitalismusgeschädigten Menschen ...

Das Element Feuer

Wieder finden wir in der Sprache körperhafte Beschreibungen des Schwerpunktes *FEUER*: ein feuriger Mensch, man kann jemandem Feuer unters Hinterteil legen, ein Mensch reagiert blitzartig, Blitze schießen aus unseren Augen, uns verzehrt eine Glut ...
Wir lassen den Körperschwerpunkt *WASSER* entstehen und versuchen nun statt der Wellenbewegungen der Hände und Arme schnelle, blitzartige Bewegungen zu machen ... Um dies zu ermöglichen, müssen wir das Zwerchfell anspannen, das Ein- und Ausatmen wird ruckartig, der ganze Körper ist unruhig und von Spannung getragen, die zwar ständig in ihrer Intensität wechselt, aber nie ganz verschwindet. Die Bewegungen können »leise glimmend« sein oder verzehrend aggressiv wie ein Brand.

– Feuer »geschlossen« ... verschließt man sich im Schwerpunkt *FEUER*, so können die hektischen Bewegungen eine innere Unruhe darstellen, die bis zur Panik gehen kann ...

– Feuer »offen« ... ein Mensch mit »feurigen« Bewegungen kann andere »anstecken«, wenn er Kontakt zu ihnen aufnimmt ...

DIE BEGEHRLICHKEIT

Feuer und Wasser sind die »begehrlichen« Elemente, sind besitzergreifend. Der Schwerpunkt der *BEGEHRLICHKEIT* ist sozusagen eine Mischung aus beiden Elementen Wasser und Feuer: das Zwerchfell, der Bauch und der gesamte Bereich der Genitalien.
Das Wesen dieses Körperschwerpunktes ist der Kontakt, die Öffnung zur Umwelt.
Aus dem Zentrum heraus bewegt sich der Körper wiegend, lasziv oder aggressiv »anmachend« in ruckartigen Bewegungen.
Alle körperhafte Begehrlichkeit ist aber bestimmt von den Blicken, vom sich Öffnen der dargestellten Emotion: vom Anlocken bis zum Verschlingen, vom »scharf sein auf etwas« bis zum Besitzergreifen.

Das Wasser

Ohne die Kontaktaufnahme – verstohlen oder offen – , bleibt die Bewegung des Körpers künstlich; ohne den Schwerpunkt *BEGEHRLICHKEIT* bleibt Augenkontakt ein Betrachten.

Hier kann man in einer Vielzahl von Etüden die genauen Unterschiede herausarbeiten:

– ohne diesen Schwerpunkt bleibt die Kontaktaufnahme eines Mannes zu einer Frau rein verbale »Anmache« …

– ist die Darstellung des Schwerpunktes im Vergleich zu den Worten zu körperlich, kann sie einen geilen, nur an dem einen interessierten« Menschen darstellen …

– ohne das verstohlene oder auch offene Aufnehmen der bewundernden Blicke bleibt Bauchtanz reine Gymnastik …

– wird der Schwerpunkt *BEGEHRLICHKEIT* – selbst bei einem nackten Menschen – bewußt vermieden, so entsteht eine Akt-Darstellung; (Diesen Umstand kennt man vom Nacktbadestrand, der frei von jeglicher Erotik ist!)

– betont man den Schwerpunkt der Begehrlichkeit so entsteht eine erotische Szene.

Selbstverständlich sind die eben beschriebenen Körperschwerpunkte nur als Etüden, als Hilfe zur Darstellung zu verstehen, nicht als Darstellung von Menschen an sich. Denn z. B. stellt ein »Macho« seinen Körperschwerpunkt der Begehrlichkeit nicht nur aus, sondern versucht vielleicht gerade dadurch seine Unsicherheit zu vertuschen, stopft ein Mensch im Schwerpunkt der lustvollen Sättigung nur Essen in sich hinein, um den Gastgeber nicht zu beleidigen, oder keift der Mißgünstige über spielende Kinder, um nicht verraten zu müssen, daß er eigentlich selbst gerne Kinder hätte.

Man kann nun auch aus den vorgeschlagenen Etüden zu den Körperschwerpunkten kleine Szenen und Improvisationen entstehen lassen oder die verschiedenen Körperschwerpunkte kombinieren:

Der Schwerpunkt *HUNGER* kombiniert mit der *MÜDIGKEIT* ergibt eine kleine Szene über einen resignierten Hungerleider …

HUNGER kombiniert mit *BEGEHRLICHKEIT* kann eine Etüde des Harlekins in der Commedia dell'arte ergeben, der immer hungrig und immer verliebt ist – am liebsten wäre ihm eine Köchin, dann hätte er beides …

Die Schwerpunkte *HUNGER, LUFT* und *ÜBERHEBLICHKEIT* kombiniert können die Grundlage einer Studie über einen Menschen ergeben, der stolz ist, daß er seine Hungerdiät schon so lange durchgehalten hat …

Das Feuer

Die Begehrlichkeit

5. Die Körperschwerpunkte der Tiere

Die Gestaltung und Darstellung von Tieren, die in Märchen und Fabeln agieren, sind sozusagen eine Domäne des Körpertheaters, denn hierbei sollte man sich keinesfalls auf Kostüm und Maske verlassen, und seien diese noch so wirklichkeitsnah gestaltet. Es wird immer der Eindruck bleiben, daß hier ein Mensch in einer tollen Verkleidung auf der Bühne steht, geht und agiert.
Kopfmasken behindern außerdem das Sprechen und engen die Bewegungsmöglichkeiten des Spielers ein. Außerdem ermöglicht erst der Körperschwerpunkt eines Tieres den darzustellenden Atem und damit auch die adäquate Stimmlage, die ohne diesen Schwerpunkt zur Verstellung der Stimme und damit zur Überanstrengung oder eventuell gar Heiserkeit führen würde.
Der Körperschwerpunkt eines Tieres kann aber auch zur Gestaltung einer menschlichen Rollenfigur hilfreich sein.
Gerd Voss stellt in einem Interview fest: *»Ich suche beim Rollenstudium stets nach der Verwandtschaft mit einem Tier. Bei Othello habe ich an einen jungen, gutmütigen Stier gedacht, der eigentlich gar nicht kämpfen will, aber ständig so gereizt wird, daß ein Selbstzerstörungsprozeß beginnt. Welchen Nutzen diese Methode hat?*
Da Tiere weder Bewußtsein noch Moral haben, komme ich nicht in Versuchung, meine Figur zu kommentieren, sie berechenbar zu machen. Ein Regisseur, der sagt: »Stirb jetzt wie Lear« ist idiotisch. Ich würde sagen: »Stell dir vor , du bist ein Elefant und der stirbt. Was macht er für einen Laut?« Dadurch ist meine Phantasie viel größer, und ich entgehe dieser verkrampften Identifikations-Schauspielerei, wo man seine kleinen privatistischen Gefühle von sich gibt. Die meisten Schauspieler sind genauso feige und spießig in ihren Gefühlen wie andere Menschen auch. Auf der Bühne aber sollen sie plötzlich große Gefühle spielen. Wenn sie da bloß in sich rumkramen, kommen lächerlich verkleinerte Figuren heraus.«1

Die Arbeit des Schauspielers am Schwerpunkt eines Tieres

Man sollte nie versuchen, ein Tier nur darzustellen, sonst beginnt man mit einem Zeichen, einer Geste, einer Grimasse ... man muß den Schwerpunkt des jeweiligen Tieres aufsuchen und erforschen, bis man den Atem spürt; dann erst kann man sich bewegen.
(Nicht du tust etwas, bringe den Körper in die Lage und es geschieht von ganz alleine!)
Es ist wichtig, vor Beginn der Darstellung sich einen kurzen Moment ganz auf das Tier zu konzentrieren, in den Schwerpunkt zu sinken und Atemlaute von sich zu geben.
Diese Übungen im Bewegungsschwerpunkt eines Tieres sollte man nicht nur auf die kurze Zeit der Proben beschränken:
Auch bei ganz alltäglichen Tätigkeiten zu Hause, wie Zähneputzen, Treppensteigen, Türen öffnen, Kochen und Abwaschen kann man wie ein Tier agieren und damit den Körper- und Bewegungsschwerpunkt geläufig und fast selbstverständlich machen.
Warum sollte z. B. der Schauspieler, der den Bären im »Dschungelbuch« darstellt, nicht auch zu Hause wie ein Bär die Teller spülen und dabei singen wie Baloo? Gerade diese ständige Beschäftigung mit einem Bewegungsschwerpunkt läßt die Konzentrationsphase bei der Probe immer kürzer werden und **Atem, Schwerpunkt und Bewegung schneller ineinanderfallen**.
Wie erarbeitet man aber nun den Schwerpunkt eines Tieres, woher erfährt man, wie ein Bär singt?
Am Anfang steht natürlich die Beobachtung eines Tieres: Wie frißt das Tier, wie steht oder liegt es in Ruhestellung, welche Laute gibt es von sich, wie nimmt es die Umwelt auf?

[1] Zitiert aus Stern TV-magazin Nr. 35 vom 26. August '93x

Doch sollte man nun in der Beobachtungsphase nicht sofort zu spielen beginnen, denn sonst ist man in der Gefahr, *nur nachzuahmen*. Gerade bei der Tierdarstellung ist eine Nachahmung schon deshalb nicht möglich, weil wir Menschen nicht auf allen vieren laufen können, weil wir eben nur *darstellen können* ...
Als nächsten Schritt sollte man nun versuchen, das Tier zu zeichnen – ohne den Stift abzusetzen, in einem einzigen Strich.
Dadurch hält man karikaturhaft das Wesentliche eines Tieres fest:
den schweren, durchhängenden Bauch einer Kuh, den aufgerichteten Nacken und die stolz geblähte Brust eines Hahns ... eben den Schwerpunkt des Tieres.
Nun sucht man diesen Schwerpunkt auf und beginnt in diesem Schwerpunkt zu atmen, Laute auszustoßen und einige Schritte zu tun.

Der Pantalone aus der Commedia ist ein Rabe ...

Eine gute Hilfestellung ist es, den Schwerpunkt des Tieres auf seinen eigenen Körper zu modellieren. Dies soll nun am Beispiel der Darstellung von verschiedenen Laufvögeln erarbeitet werden:
Wir modellieren pantomimisch an unser Kinn den Kehllappen eines Hahns und setzen außerdem auf den Kopf einen großen, roten Kamm.
Nun streichen wir unsere glänzenden Brustfedern glatt und bringen mit elegantem Schwung ins Hohlkreuz unsere Schwanzfedern zur Geltung. Wir haben durch das pantomimische Modellieren unseren Körper in die Lage gebracht und schon können wir stolzieren und »sprechen« – wie ein HAHN sprechen würde, wenn er sprechen könnte.
Nun nehmen wir den Kehllappen weg und vergrößern damit den Kamm zu einer hohen Krone. Unsere Brustfedern sind noch glänzender und die Schwanzfedern erforden, da sie nun 2,60 m lang sind, einen noch eleganteren Schwung ins Hohlkreuz. Ein PFAU ist entstanden ...
Nehmen wir die gesamte »pantomimische Knetmasse« vom Kopf weg und modellieren alles zu einem kurzen, aber schweren Bürzel am rückwärtigen Ende, so merken wir, wie wir automatisch unsere Füße platt nach außen drehen, wie unser Hals »kurz und dick« wird und wir watschelnd und quakend wie eine ENTE daherkommen.
Vergrößern wir mit der »Knetmasse« unsere Nase zu einem großen Schnabel und strecken unseren Hals nach vorn, so werden wir automatisch in eine krächzende Sprechweise verfallen. Nehmen wir unsere Arme nun auch noch auf den Rücken und legen damit unsere Flügel an, so haben wir uns zum RABEN gewandelt.
Die eben beschriebenen Vogeldarstellungen können z. B. bei der Gestaltung der Typen der Commedia dell'arte sehr hilfreich sein:
- Pantalone wird oft als » mißmutiger, alter, krächzender Rabe« ...
- Capitano als eitler Pfau oder »Hahn im Hühnerhof« ...
- und Dottore als »stets quakender Enterich« bezeichnet.

Als Übungsszenen bieten sich aber nicht nur Geschichten aus der Commedia an. Fabeln und Tiergeschichten wie »Reineke Fuchs« und Märchen wie »Die Bremer Stadtmusikanten« können Stoff für Improvisationen und selbst erarbeitete Stücke sein.

Ich hab' im Dschungel hier die besten Freunde ...

... so singt das Menschenkind Mogli über den Bären Baloo, den Panther Baghira und das Wolfsrudel. Im folgenden sollen nun die Schwerpunkte der wichtigsten Tiere aus dem Dschungelbuch erarbeitet werden.

DER AFFE

Der Haltungsschwerpunkt eines Affen ist der gedehnte runde Nacken, der den Kopf halslos auf den Schultern aufsitzen läßt.

Man sollte nicht versuchen, die Schultern hochzuziehen. Der Affe hat keinen Hals, er zieht nicht die Schultern hoch. Dadurch »verlängern« sich die Arme und werden locker.

– Das Körpergewicht lastet im tiefen Becken.
– Man spürt das Gewicht im Unterkiefer.
– Man spürt das Gewicht auf den Außenkanten der Füße.

Wenn man nun versucht, diese Haltung möglichst bewußt und lange auszuhalten, so wird man merken, daß sie erst bequemer wird, wenn man mit dem Körper in das Hohlkreuz fällt.

– Nun versuchen wir zu gehen, schneller zu werden und bei größerem Tempo automatisch in den »Nachstellschritt« wie bei einer Polka verfallen, da wir ansonsten nicht das Gleichgwicht halten können. Außerdem hat der Affe einen Greifdaumen am Fuß und würde sich bei »menschlichen Schritten« ständig auf den Greifdaumen treten.

– Wenn man als Affe in dieser Haltung »auf zwei Beinen gehen will«, wird man ganz selbstverständlich zum Balanceausgleich die erhobenen Arme hinter dem Kopf halten.

Etüden zur Erarbeitung des Körperschwerpunktes eines Affen:

1. Einnehmen des Schwerpunktes (Kopf – Becken – Arme – Hohlkreuz) ruckartig und in Zeitlupe.
2. Hinsetzen: Zuerst auf Arme stützen, dann in Drehung setzen – diese Bewegung muß immer fließender werden.
3. Knie anziehen und die Arme verschränken, dabei den Schwerpunkt nicht aufgeben.
4. Im Sitzen nur den Kopf bewegen. Den Kopf zwischen die Knie und »nachdenken« – dabei den Atem fließen lassen.
5. Nur mit den Augen eine Fliege beobachten.
6. Vorbeugen aus dem Sitz zum Liegen. – Aus dem Liegen schnell hoch.
7. Halte in der Bewegung inne und halte dich *ganz beiläufig* an einem Gegenstand fest.
8. Kratze dich *ganz beiläufig*
9. Nimm einen Gegenstand in die Hand und untersuche ihn auf seine Eßbarkeit. Langsames Probieren mit der Zunge.
10. Gehe auf einen Gegenstand zu – halte wie in Gedanken inne … plötzlich siehst du mit dem gleichen Interesse etwas anderes.

DER BÄR

Wenn sich der Bär aufrichtet, rutscht der Schwerpunkt in die Kniekehlen. (Bären sehen aufgerichtet aus wie kleine Kinder mit Windelpack im Schlafanzug!) In dieser Haltung haben unsere Pfoten viel Kraft und sind, auf Schulterhöhe gehalten, sehr beweglich. Heben wir die Arme über die Schulterhöhe, so werden sie tapsig und schwerfällig. Um diese beabsichtigte Tapsigkeit beizubehalten muß man sich im Hohlkreuz bewegen.

Die Arme bleiben damit bei allen Bewegungen *immer* über Schulterhöhe.

Wenn wir beim Gehen die Fersen vom Boden heben, (Bären haben keine Fersen!) entsteht der typische schwankende Gang des Bären.

Etüden zur Erarbeitung des Körperschwerpunktes eines Bären:

1. Einnehmen des Schwerpunktes: Stehen in Rumpfbeuge nach vorn – sich aufrichten und dabei den Schwerpunkt zwischen die Knie sinken lassen – Arme heben: Schnelligkeit überprüfen – Hohlkreuz: Tapsigkeit überprüfen – Fersen vom Boden heben und laufen.
2. Hinsetzen *ohne Arme* : Aus der Hüftdrehung heraus auf ein Knie und dann schnell auf das zweite, dann auf den Hintern. Das kann richtig plumpsen!

Vom Sitzen zum Liegen. *Das Liegen ist eine Tätigkeit!*

Der Affe

Der Bär

3. Sitzen. Der Bär riecht von weitem Honigduft. Die Nase zieht den Körper hinter sich her.
4. Der Bär übt Boxen mit seinem Spiegelbild.

DER PANTHER – DER TIGER

Schwerpunkt jeder Katze ist die gezogene Schulter, sie bereitet jede Bewegung und jede Ruhestellung vor. Dadurch wird der Hals frei und kann sich unabhängig bewegen.

Etüden zur Erarbeitung des Körperschwerpunktes:

1. Einnehmen des Schwerpunktes: Die Schulterblätter spannen sich an – die Arme werden frei und bewegen sich sehr gezogen. Der Hals wird frei und bewegt gezogen den Kopf. (Achtung: beim Laufen führen die Schultern den Körper!)
2. Lecken der Arme (Pfoten) und dabei maunzen.
3. Ganz weiche Bewegungen und schlagartige Versteifung. Miauen und Fauchen – Schmusekatze und Furie.
4. Vollkommene Entspannung über die gezogenen Schultern, dann auch diese loslassen. Genüßliches Blinzeln. Sich auf den Rücken rollen. Dehnen und Strecken.
5. In angespannter Haltung lauern, dann plötzlich Sprung und Schrei.

DER WOLF

Schwerpunkt ist der schiffsrumpf-förmige Oberkörper mit der Schnauze als Spitze.

Die Lende muß ganz eng gemacht werden. Der Hals wird langgestreckt. Dann die Luft als Heulen ausströmen lassen. Dieses Heulen muß im Brustkorb entstehen, wird durch ruckartige Bewegungen des Zwerchfells moduliert und darf nicht als »Gesang« produziert werden.

Der ganze Körper ist eigentlich eine spitze Schnauze.

Auch hier ist zu beachten, daß der Wolf ein Zehengänger ist und daß bei der Fortbewegung die Fersen den Boden nicht berühren dürfen. Dadurch entsteht im nach vorn gestreckten Schwerpunkt des Wolfes eine gewisse Ruhelosigkeit.

Etüden zur Erarbeitung des Körperschwerpunktes:

1. Schwerpunkt einnehmen: Lende eng – Brustkorb wölbt sich vor – Schnauze.
2. Sich hinhocken – Arme zwischen den Knien und heulen. Eine Geschichte mit Heulen erzählen.
3. Sich in Etappen mit Verzögerung hinlegen. Hunde drehen sich oft mehrmals um den eigenen Körper, bevor sie sich legen. Dann ruhen und alle viere von sich strecken.
4. Im Liegen nur den Kopf nach hinten wenden.
5. Sich im Stehen schütteln. Nur den Kopf schütteln.
6. Federndes Laufen. Die Schnauze führt den Körper. Die Umwelt wird mit dem Geruchssinn aufgenommen. Jeder Schritt beinhaltet bereits den nächsten.
7. Ruckartiges Stehenbleiben. Die Nackenhaare sträuben sich – es entsteht ein Knurren in der hinteren Kehle.
8. Bewußt Gerüche aufnehmen. Im Sinne des Wortes »wittern«. Auf der Straße eine regelrechte »Geruchszeitung« lesen.
9. Jemanden beschnuppern und beriechen. Wenn ich ihn »nicht riechen« kann, ziehe ich die Nase hoch, zeige die Lefzen und knurre.

DER ELEFANT

Schwerpunkt des Elefanten ist der dicke Kopf. Hergestellt wird der Schwerpunkt, indem der ausgestreckte Arm vor die Nase als Elefantenrüssel gehalten wird. Nach einigen Schwingungen des ausgestreckten Armes entsteht ein leichtes Übergewicht nach vorn, das typische Schaukeln des Kopfes aus der Schulter heraus.

Nun nehmen wir selbstverständlich den Arm wieder von der Nase, wir brauchen ja nur das Gefühl des Rüssels, nicht einen tatsächlichen »Ersatzrüssel«. Wir stehen mit unseren Beinen fest auf dem Boden, der dicke Bauch hält den Schwerpunkt tief.

Der Panther

Der Tiger

Etüden zur Erarbeitung des Körperschwerpunktes:

1. Einnehmen des Schwerpunktes mit Rüsselspiel. Die Nase »gefühlsmäßig« als Rüssel verlängern. Den Rüssel baumeln lassen.
2. In diesem Schwerpunkt schnell laufen. Übergewicht nach vorne austarieren. Man wird merken, daß der Gang schwer und gleichzeitig federnd wird.
3. Mit der Stirn etwas wegschieben. Man kann auch mit einem Partner Stirn an Stirn einen »Schiebekampf« austragen.
4. Im Schwerpunkt sich hinlegen und mit Schwungholen wieder aufstehen.
5. Im Stehen den Kopf in den Nacken legen und laut »trompeten«.

DIE SCHLANGE

Ihr Körperschwerpunkt ist die Beweglichkeit des gesamten Körpers in der Längsachse. Wir stehen mit großer Spannung auf den Zehenballen. Nun kreisen wir zuerst mit dem Becken, dann mit dem Brustkorb und schließlich mit dem Kopf.

Nun verringern wir die Bewegung und kreisen nicht mehr um des Kreisens willen, sondern »kringeln« uns mit den Bewegungen vorwärts. Dieses »Winden« des Körpers setzt sich bis in die Arme und Hände fort.

Weitere Körperschwerpunkte sind der starre Blick und das »Züngeln«, ein stoßartiges Vor und Zurück mit der Zunge.

Nun ist aber das »Dschungelbuch« kein eigentliches Tierbuch. Der Erfolg und die Beliebtheit des »Dschungelbuchs« von R. Kipling beruhen darauf, daß Baloo und Baghira, Akela und Hathi, Tabaqui und Schir Kahn auch menschliche Züge aufweisen …

(Wer die Geschichte noch nicht kennt, sollte unbedingt in nächster Zeit das Kennenlernen nachholen!)

Mit den tierischen Schwerpunkten müssen nun noch menschliche Schwerpunkte verbunden werden:

Der Panther Baghira **Katze** + ERDE. Sie ist eigentlich eine »gestandene Frau« oder ein »gestandener Mann«. In meiner Inszenierung war sie weiblich und damit ein Gegenpol zum männlich, tapsigen Baloo.

Der Bär Baloo **Bär** + TRÄGHEIT + SÄTTIGUNG + BEGEHRLICHKEIT

Der Schakal Tabaqui **Hund** + MISSGUNST + HINTERHÄLTIGKEIT

Der Tiger Schir Khan **Katze** + ZORN / STÄRKE

Die Schlange Kaa **Schlange** + ALTER + »abgeklärte« LUFT

Die Elefanten

Natürlich muß jeder Elefant der Dschungelpatrouille einen eigenen Charakter und damit auch einen eigenen menschlichen Schwerpunkt besitzen:

Der Oberst Hathi	**Elefant** + STÄRKE/ ZORN + MILITARISMUS
Bobbo, der Faule	2. Elefant zusätzlich TRÄGHEIT
Amadeus, der Schöne	3. Elefant zusätzlich ÜBERHEBLICHKEIT
Uli, der Übereifrige	4. Elefant zusätzlich FEUER
Engelbert, der Freßsack	5. Elefant zusätzlich SÄTTIGUNG
Kleiner Elefant	Elefant + KLEINES KIND

Der Wolf

Der Elefant

Die Affen

Auch bei den Affen kann es sehr »menschlich« zugehen ...
(In meiner Inszenierung war der Affenfelsen im Dschungelbuch zugleich eine Parodie auf berühmte Filme. Dadurch bekam noch jeder Affe zusätzlich den Schwerpunkt eines berühmten Filmschauspielers.)

Affenkönig King Lu	Affe + STOLZ / STÄRKE + ÜBERHEBLICHKEIT + ***Humphry Bogart***
Geliebte des Affenkönigs	Affe + BEGEHRLICHKEIT + ***Marilyn Monroe***
1. Affe	Affe + STÄRKE + ÜBERHEBLICHKEIT + ERDE + ***Oliver Hardy***
2. Affe	Affe + MÜDIGKEIT + ERDE + DOOFHEIT + ***Stan Laurel***
3. Affe	Affe + ERDE + LÄSSIGKEIT + STÄRKE + ***Django***

Die Wölfe

Akela	Wolf + HOHEIT + STÄRKE. Sie ist die Leitwölfin.

Alle anderen Wölfe der »Wolfsfamilie«, in der das Menschenkind Mogli lebt, vertraten in meiner Inszenierung eigentlich – neben den Tierschwerpunkten – die typisierten Rollen der Menschen, in denen sich die Zuschauer wiedererkennen sollen: Bruder, Schwester, Mutter, Vater, Nachbarn.

Der Schakal

Die Schlange

6. Die Klarheit der Darstellung…

Der Punkt der Aufmerksamkeit

Um eine klare und verständliche, bezw. unmißverständliche Darstellung einer Szene zu erreichen, müssen zunächst die verschiedenen Formen des Kontakts zwischen zwei oder mehreren Partnern auf der Bühne unterschieden werden: privater und Rollenkontakt, scheinbarer und tatsächlicher Kontakt. Diese Kontaktformen werden hauptsächlich von den verschiedenen Punkten der Aufmerksamkeit getragen und sichtbar gemacht.

Ein **Punkt der Aufmerksamkeit** ist der punktuelle Kontakt, die Hinwendung zu einer Person, einem Objekt oder einer Situation (künftig AP genannt).

Zunächst sind die **»privaten« Punkte der Aufmerksamkeit** zu nennen, die die Person der Spielerin oder des Spielers betreffen:

Jeder Schauspieler steht ja auch sozusagen als Privatperson auf der Bühne und nimmt Geschehnisse auf der Bühne oder außerhalb der Bühne wahr, die nichts mit dem eigentlichen Bühnengeschehen zu tun haben. Diese private Aufmerksamkeit darf aber für den Zuschauer nie sichtbar werden, da die Szene sonst unklar oder mißverständlich wird: Ein Kollege bleibt im Text hängen, hat sich versehentlich die Kleidung zerrissen oder macht gar Faxen in der Gasse und stört damit den szenischen Ablauf und die Konzentration der Spieler auf der Bühne.

Selbstverständlich sollte dem Publikum auch der Kontakt des Schauspielers mit der Souffleuse oder die Aufmerksamkeit des Sängers auf den Dirigenten verborgen bleiben.

Die Punkte der Aufmerksamkeit, die die Rollenfigur betreffen, müssen stets klar voneinander – auch in ihrer zeitlichen Abfolge – unterschieden werden.

Aufmerksamkeitspunkte einer Rollenfigur

Innere und äußere Aufmerksamkeitspunkte

- Ein Spieler putzt seine Stiefel. Die Bewegung des Bürstens erinnert ihn an eine Melodie, und er beginnt zu singen …
- Ein Spieler putzt seine Stiefel. Er hört von der Straße her eine Melodie und singt mit.

In dieser Szene muß klar unterschieden werden, ob diese Melodie von »innen« oder von »außen« kommt. Wenn wir uns erinnern, eine innere Melodie hören, so muß der Zuschauer dies an der Augenstellung des Schauspielers – meist nach links oben – erkennen.

Hört der Spieler die Melodie von außen, so werden seine Augen der Klangrichtung entgegengehen, der Spieler wird eventuell auch aufstehen und zum Fenster gehen.

Übung: Eine Spielerin spricht zu einem Partner oder einer Partnerin den Satz *»Ein schwarzes Auto steht vor dem Haus«.*

Dieser Satz soll nun durch den verschieden angesetzten Punkt der Aufmerksamkeit und durch bestimmte Körperschwerpunkte und Blickrichtung der Emotion eine jeweils wechselnde Wertigkeit bekommen:

– *Beschreibung/Hinweis:* Die Spielerin hört ein Geräusch, geht zum Fenster (1. AP), sie sieht das Auto (2. AP) und wendet sich dann erst ihrem Partner zu (3. AP): »Ein schwarzes Auto steht vor dem Haus.«

– *Erinnerung / Vorahnung:* Zunächst innerer Punkt der Aufmerksamkeit (1. AP), dann erst Wendung zum Partner (2. AP): »Ein schwarzes Auto steht vor dem Haus.«

Durch verschiedene Emotionen und Schwerpunkte können sich die eben beschriebenen Szenen weiter verändern:

– *Vorwurf:* wie bei der »Beschreibung« – mit dem 2. AP baut sich Empörung und Wut auf. Sie »verläßt« aber nun mit der Zuwendung zum Partner nicht den 2 .AP, sondern hat das Bild des schwarzen Autos noch vor Augen, während sie mit dem Partner spricht.

– *Unterstellung:* Wie bei »Beschreibung« – aber bereits mit dem 1. AP wendet sie sich kurz zum Partner (2. AP), ob er dieses Geräusch ebenso aufnimmt wie sie. Nun erst wird sie zum Fenster gehen.
– *Erkennungszeichen:* Zeigen beide Spieler keinerlei Punkte der Aufmerksamkeit in bezug auf »das schwarze Auto«, sondern beobachten sich aufmerksam gegenseitig oder blicken »unauffällig, auffällig« umher, um zu prüfen, ob sie ihrerseits beobachtet werden, so wird aus dem Satz »Ein schwarzes Auto steht vor dem Haus« eventuell der Erkennungssatz zweier Agenten.

Die Veränderung des Punktes der Aufmerksamkeit

Statt einer langen Erklärung soll eine elementare Übung angeboten werden:
Ein Spieler sitzt auf einem Stuhl. Auf dem Boden oder auf einem Tisch liegt eine kleine Kugel aus geknülltem Papier. Der Spieler nimmt Kontakt zu dieser Papierkugel auf, seine Aufmerksamkeit (AP) konzentriert sich auf sie: Dieser Kontakt kann zufällig aus einem schweifenden Blick oder absichtlich durch einen suchenden Blick entstehen, keinesfalls darf aber der Zuschauer den privaten Aufmerksamkeitspunkt des Spielers sehen, der nun eine Spielaufgabe zu lösen versucht.

- Die Aufnahme der Aufmerksamkeit kann langsam, schnell oder plötzlich geschehen …
- Der Punkt der Aufmerksamkeit kann in seiner Intensität für den Spieler oder die Spielerin ansteigen oder abflachen …
- Der Punkt der Aufmerksamkeit kann auch wechseln: Man kann sich »verabschieden« und sich einen neuen Punkt der Aufmerksamkeit zuwenden …
- Der Spieler kann durch ein Ereignis (z.B. ein Geräusch = 2.AP) vom Punkt der Aufmerksamkeit abgelenkt werden und sich diesem (1.AP) nach der Unterbrechung (2.AP) wieder zuwenden …

Der Übergang

Bei diesen Übungen zum Punkte der Aufmerksamkeit ist der *Übergang* wichtig:
Die sich vom Objekt, der Person lösende Aufmerksamkeit »fällt in ein Loch«, wenn der Übergang fehlt. Die Szene ist für einen kurzen Augenblick unterbrochen. Da dies der Spieler auch empfindet, versucht er dieses Loch zu füllen und »grabscht« nach der nächsten Aktion oder nach dem nächsten Requisit. Damit bricht er eine Handlung »vor der Zeit« vom Zaune; es entsteht ein Bruch, denn die Aufmerksamkeit des Zuschauers wird dadurch vom Objekt auf die Person des Spielers gelenkt.
Worin besteht also ein Übergang? Ein Gegenstand, ein Zustand auf der Bühne verliert für den Schauspieler an Interesse. Nun darf der Kontakt nicht einfach nach »Textbuch« abgebrochen werden, sondern **muß ausschwingen**. Kurz bevor die Konzentration ganz verklungen ist, heben sich der Kopf und der Blick, der Atem strömt ein. Atem und Stellung werden gehalten; **es entsteht Spannung und Bereitschaft** für einen neuen Punkt der Aufmerksamkeit. Das Auge wechselt den Blickpunkt, ein neues Objekt fesselt unsere Aufmerksamkeit **(Einfall)**; mit ausströmendem Atem geht man auf den neuen Gegenstand oder Zustand zu und läßt sich von ihm anregen. Diese Anregung ist getragen von **Gelassenheit** zu neuen Aktionen.
Ziel des genau gespielten Übergangs ist es, daß die Aufmerksamkeit des Spielers (und damit auch die des Zuschauers) stets beim Objekt liegt und nicht beim Spieler selbst.

Der doppelte Punkt der Aufmerksamkeit

Eigentlich sind alle Punkte der Aufmerksamkeit *auf der Bühne* – wie bereits oben beschrieben – gedoppelt oder durch andere überlagert, da der Spieler oder die Spielerin sich niemals so ausschließlich auf das Bühnengeschehen konzentrieren und die privaten Punkte der Aufmerksamkeit vermeiden kann. Hier soll die Rede von den doppelten Aufmerksamkeitspunkten sein, die das Bühnengeschehen interessant machen können.

- Eine Spielerin beschäftigt sich demonstrativ mit einem Buch, während sie aber gleichzeitig die Aktionen eines Partners beobachtet …
- ein Verkäufer plaudert freundlich mit einem Kunden, während er fieberhaft etwas sucht …
- eine Frau unterhält sich im Restaurant im Plauderton mit ihrem Tischpartner, während sie fasziniert die berühmte »Loriotsche Nudel« an seinem Kinn beobachtet …
- man telefoniert in einer geschäftlichen Sache, während im Zimmer plötzlich eine Kakerlake über den Boden marschiert …
- ein Partygast unterhält sich freundlich mit einem andern, während er unauffällig nach einem anderen Gast Ausschau hält …
- ein Redner spricht scheinbar ungerührt weiter, obwohl ihm ein Zettel gereicht wurde, daß ein Bombenattentat droht …

Bei all diesen Szenen muß dem Zuschauer der doppelte Punkt der Aufmerksamkeit – gleichzeitig oder im schnellen Wechsel – deutlich werden. Dies kann auch im Rahmen von Gesellschaftspielen geübt werden:

Blinzeln

Es wird ein Stuhlkreis aufgestellt, auf dem die Hälfte der Spieler und Spielerinnen Platz genommen hat. Hinter jedem Sitzenden steht ein weiterer Spieler. Ein stehender Spieler hat vor sich einen leeren Stuhl. Nun versucht dieser durch Blinzeln und Augenzwinkern einen der Sitzenden aufzufordern, auf »seinem« Stuhl Platz zu nehmen. Die Stehenden werden aber versuchen, ihren Sitzpartner festzuhalten … Auch hier wieder ein doppelter AP: 1. AP – Beobachtung des Blinzlers; 2. AP – Beobachtung des eigenen Sitzpartners.

Die Reise nach Jerusalem

Dieses Spiel ist wahrscheinlich hinlänglich bekannt. Es ist ein Stuhlkreis mit den Sitzflächen nach außen aufgestellt, jedoch ein Stuhl weniger als die Anzahl der Mitspieler. Nun gehen alle nach einer beliebigen Musik im Kreis um diese Stühle.

Wenn die Musik aussetzt, muß jeder versuchen, sich möglichst schnell auf einen Stuhl zu setzen. Wer keinen Stuhl gefunden hat, scheidet aus. Nun wird wieder ein Stuhl weggenommen usw. Bei diesem Spiel praktizieren die Spieler einen fortwährenden doppelten Punkt der Aufmerksamkeit: 1. AP – die Stühle und die günstigste Position im Kreis; 2. AP die Mitspieler als Konkurrenten; 3. AP die Musik, die das Zeichen zum Hinsetzen gibt.

Dieses Spiel wurde bei der Inszenierung von Georg Büchners »Woyzeck« zur Grundübung einer Szene: Büchner gibt eine Szene vor, in der sich Marie und ihre Nachbarin über ihre Ehrbarkeit und ihre Vorzüge streiten, während sie gleichzeitig und gemeinsam das Ziel ihrer Wünsche, den Tambourmajor, beobachten.

Wir spielten zuerst mit großem Spaß im gesamten Ensemble die »Reise nach Jerusalem«. Dann mußten die beiden Darstellerinnen mit nur einem Stuhl die »Reise« antreten. Die Übung wurde nun im weiteren dadurch erschwert, daß die beiden in ihrer Rolle und mit ihrem Text die »Reise« spielten. Der Tambourmajor saß einstweilen als »Siegespreis« auf dem Stuhl. Schließlich stolzierte der Tambourmajor im Raum umher und legte damit die Choreographie der Szene fest.

Szenische Übungen

- Die beiden Alten aus der Commedia, Pantalone und Dottore, klagen sich gegenseitig ihre gesundheitlichen Wehwehchen und versuchen sich dabei in grotesker Ausmalung ihrer Krankheiten zu übertreffen. Diese Szene kann trotz eines witzigen Textes optisch schnell langweilig werden, da die beiden eben »nur« nebeneinander stehen. Durch einen zusätzlichen AP kann die Komik der Szene gesteigert werden: Beide sehen gleichzeitig ein Geldstück auf dem Boden und versuchen nun dieses, während sie ihre Krankheiten bejammern, »unauffällig« in ihren Besitz zu bringen.
- Romeo und Julia werden vom Pater getraut. Hier

können die verschiedenen AP – sinnvoll und klar eingesetzt – für Spannung sorgen: Alle Anwesenden haben Angst, daß sie von Angehörigen ihrer Familie entdeckt werden … Gleichzeitig haben aber die beiden Liebenden nur Augen füreinander und folgen der Zeremonie nur mit geringer Aufmerksamkeit. Diese verschiedenen Aufmerksamkeitspunkte können durch verständnisinnige Blickwechsel zwischen Amme und Pater hervorgehoben werden.

Der Blick – der Atem – die Neigung

Um die oben beschriebenen Punkte der Aufmerksamkeit auch dem Publikum deutlich und klar zeigen zu können, ist eine große Genauigkeit in der Darstellung gefordert, die zunächst fast mechanisch hergestellt und geübt werden kann.

Wir zergliedern die Zuwendung zu einem Ereignis, einer Person, einem Ding, einer Situation in drei Schritte, in *Blick, Atem* und *Neigung*:

1. **Blick auf die Person oder das Objekt** – Der Blick führt den Kopf oder den gesamten Körper in seine Richtung …
2. **Der Atem schafft die Bereitschaft zur Kontaktaufnahme** – im negativem Sinne durch Anhalten oder Ausatmen, im positiven Sinne durch Einatmen und schafft damit eine Körperspannung, die sich in
3. **der Neigung des Körpers** – in Zuneigung oder Abneigung, in Zuwenden oder Abwenden, in mehr oder weniger großer Anspannung oder Erschlaffung gegenüber der Person oder dem Objekt zeigt.

Diese »Dreiheit« von *Blick – Atem – Neigung* geht jedem unserer Worte, jeder unserer Reaktionen oder Aktionen voraus.

Im Alltag ist dies selbstverständlich: Wir erleben einen Impuls und reagieren wie eben beschrieben. Das große Problem der Darstellung ist es aber, daß wir diese Impulse, die *Blick – Atem – Neigung* in uns »auslösen«, im Laufe der Proben schon sehr oft geübt haben und daher schon *wissen*, was der Partner nun sagen oder wer durch die geöffnete Tür eintreten wird. Der Zuschauer der Szene soll aber den Eindruck haben, dies geschehe jetzt zum ersten Mal! Ein Vorgang soll also nicht reproduziert, sondern in jeder Wiederholung der Szene neu geschaffen werden! Hier sei wieder an den jungen Mann aus der Geschichte von Kleist erinnert, in »dessen natürlicher Grazie das Bewußtsein eine große Unordnung« anrichtete … und die Grazie können wir eben nur durch »unendliches« Üben wiedererlangen!

An einer Grundübung sollen die vielfachen Variationsmöglichkeiten von *Blick – Atem – Neigung* aufgezeigt werden: Spielerin A und Spieler B stehen auf der Bühne. Die Situation zeigt, daß sich beide nicht kennen, sie haben keinerlei Kontakt. Ihre Aufmerksamkeit ist vielleicht auf die erwartete Ankunft des Busses oder ein anderes Ereignis gerichtet …

Nun blickt A zufällig zu B (*Blick*), erkennt ihn als alten Schulfreund (*Atem*) wieder und wendet sich ihm zu (*Neigung*).

B nimmt diese Bewegung wahr (*Blick*), erkennt nun seinerseit die A (*Atem*) und wendet sich ihr zu (*Neigung*). Erst jetzt wird einer der beiden vielleicht den in solchen Situationen üblichen Satz »Kennen wir uns nicht?« sprechen.

1. Variation: A unternimmt *Blick – Atem – Neigung*, aber B reagiert nicht. So wendet sich A wieder der erwarteten Ankunft des Busses zu. B hat die Änderung der Aufmerksamkeit von A wahrgenommen und unternimmt nun seinerseits *Blick – Atem – Neigung*. Da aber A bereits wieder nach dem Bus Ausschau hält, kehrt nun auch B zur ursprünglichen Wartehaltung zurück. Beide unternehmen aber nun nochmals gleichzeitig den Versuch und erkennen sich …
2. Variation: *Blick – Atem – Neigung* wird nun in Einzelschritten von A und B unternommen:
   A *Blick* und zurück – B *Blick* und zurück …
   A *Blick – Atem* und zurück – B *Blick – Atem* und zurück …

A *Blick – Atem – Neigung* und zurück – B *Blick – Atem – Neigung* und zurück ... A und B gleichzeitig *Blick – Atem – Neigung* und nun erst das Wort oder den Satz ...

3. Variation: A erkennt B als unangenehmen Zeitgenossen wieder (*Blick*) und will angewidert (*Atem*) der Begegnung ausweichen (*Abneigung*). B kann nun in gleicher Weise reagieren oder auch erfreut sein oder so tun, als ob er die Abneigung nicht bemerkt hätte oder ...

Sämtliche Szenen des Kennenlernens und des Wiedererkennens, der Zuneigung und der Abneigung können durch die genaue Darstellung der Abfolge von *Blick – Atem – Neigung* lebendig gemacht werden.

Selbstverständlich kann (und muß) bei der Erarbeitung und Übung von Szenen der *Blick* nach Bedarf durch *»Hören«, »Tasten«, »Fühlen«, »Riechen«* und den sonstigen Bezeichnungen von Sinneswahrnehmung und Erinnerung ersetzt werden:

- ich betrete einen dunklen Raum ... weiß ich, wo der Lichtschalter ist oder nicht?
- ich lese in einem Buch ... plötzlich riecht es verbrannt ...
- ich gehe zum Fenster ... und trete dabei auf einen kleinen Gegenstand ...
- ich ergreife die Hand des Partners oder der Partnerin ... ich spüre Spannung in seiner oder ihrer Hand ...
- ich will die Tür öffnen ... plötzlich fällt mir ein ...

Kontakt, Kein Kontakt und Nonkontakt

Nun sollen noch die verschiedenen Formen des Kontakts untersucht und geübt werden. Selbstverständlich ist auch hier wieder der private Kontakt der Person des Spielers mit seiner Umgebung vom Kontakt, den die Rollenfigur hat, zu trennen. Privater Kontakt auf der Bühne widerspricht jeglicher Spieldisziplin und muß dem Publikum unsichtbar bleiben.

KONTAKT

Ich habe Kontakt, wenn ich mich einem Partner, einem Objekt oder einer Situation zuwende.

Dabei unterscheiden wir zunächst die Formen des **Blickkontakts, des Augenkontakts und des körperlichen Kontakts.**

Hierzu ist vielleicht noch anzumerken, daß in der Psychologie und im Alltag Augenkontakt und Blickkontakt meist gleichgesetzt werden, auf der Bühne aber unbedingt unterschieden werden müssen.

Blickkontakt:

Diese Form des Kontakts setzt eine gewisse Entfernung oder Distanz voraus: Ich betrete einen Raum, gehe auf eine Person zu und nehme sie mit den Blicken auf. Ich kann sie »von unten bis oben« betrachten, ich kann ihre Kleidung, ihre Gesten registrieren, ich verschaffe mir einen »Gesamteindruck« von dieser Person oder interessiere mich für die Details. Der Blickkontakt betrifft im Sinne des Wortes die Oberfläche und kann einseitig von einem Partner aufgenommen und ausgeführt werden.

Mit Gegenständen oder Räumen kann nur Blickkontakt aufgenommen werden, da dieser Kontakt von Natur aus nur einseitig ist. Man könnte Blickkontakt auch als eine Form der Erkundung bezeichnen.

Dem Blickkontakt entsprechen alle anderen Kontaktformen, die über die Sinnestätigkeit des Menschen aufgebaut werden können: riechen, hören, schmecken und tasten.

Augenkontakt:

Der Augenkontakt hingegen ist ein Dialog zwischen zwei Personen, der mit den Augen geführt wird. Wenn sich zwei Partner im Augenkontakt gegenüberstehen, können sie zum gemeinsamen Atem finden. Sie sehen den gegenüberstehenden Partner nicht als eine Summe von beobachteten Details, sondern als eine Ganzheit.

Körperkontakt:

Körperkontakt ist eine Form der Berührung der Person oder des Gegenstands, die einen Blick oder Augenkontakt verstärken kann. Selbstverständlich kann der Körperkontakt auch ohne Blicke aufgenommen werden.

Kontakt

Kein Kontakt

KEIN KONTAKT

Dem Zuschauer muß deutlich gemacht werden, wenn ein Spieler zu einem Gegenstand oder einem Partner keinen Kontakt hat. Dies klingt zwar selbstverständlich, ist aber tatsächlich eine äußerst schwierige Form der Darstellung, wenn z. B. der Geist Banquos von Macbeth gesehen wird, alle anderen aber sehen ihn nicht oder sehen im wahrsten Sinne des Wortes durch ihn hindurch …

Lenox: *Was schreckt Eure Hoheit?*
Macbeth: *Wer von euch tat das?*
Lords: *Was, mein guter Herr?*
Macbeth: *Du kannst nicht sagen Banquo, daß ich's tat! Schüttle nicht deine blutgen Locken gegen mich!*
Rosse: *Steht auf Herren, dem König ist nicht wohl!*

Nicht nur in den Tragödien ist das Nicht-Bemerken einer Situation oder eines Partners eine sehr spannende theatralische Aktion. Die Kinder im Kasperletheater können sich heiser schreien, wenn der Kasper einfach das böse Krokodil nicht sieht …

- Eine wunderbare Übung zu »Kein Kontakt« können wir von der Commedia dell'arte übernehmen: Es war eine beliebte Szene, mit einem Leuchter oder einer Laterne auf die Bühne zu kommen – dies signalisierte dem Publikum Finsternis auf der Szene – und dann die Laterne zu löschen. In dieser »Finsternis« tappten nun die Figuren auf der Bühne, stießen gegen Personen und andere Hindernisse, ertasteten die Partner und legten die Hand versehentlich auf die Hosen oder Blusen der »unsichtbaren« Mitspieler.
- ein Gast in der Bar redet auf einen anderen ein, ist aber »Luft« für diesen …
- Faust und Mephisto machen sich im »Faust« von Marlowe am Hofe des Papstes unsichtbar und treiben mancherlei Schabernak …
- Eine Tarnkappe verhilft einem Schüler, sich während des Unterrichts für alle Unbill des Schullebens schadlos zu halten …
- Ein Gast kehrt in einem zwielichtigen Gasthaus ein. Der Wirt will den Gast berauben. Der Gast löscht rechtzeitig die Kerze und nun beginnt auf hell erleuchteter Bühne ein Zweikampf im Dunkeln …

NONKONTAKT

Eine besondere Form des Kontakts ist der »Nonkontakt«.

Durch diese Art des Kontakts gebe ich dem Partner oder der Partnerin zu verstehen, daß ich zwar den Kontakt zu ihm oder ihr aufrechterhalten will, daß er mir aber im Grunde nebensächlich oder egal erscheint oder daß mir ein anderer Punkt der Aufmerksamkeit wichtiger ist.

Diese Kontaktform kann dem Publikum sehr viel über das Verhältnis von Rollenfiguren untereinander verdeutlichen und bedarf einer sehr genauen Ausarbeitung.

- Ein Mann stößt mit einem anderen an der Bar an, liest aber dabei weiter in seinem Buch …
- Ein Herr gibt seinem Diener Anweisungen und liest dabei in der Zeitung …
- Ein Beamter spricht mit einem Bittsteller und schaut dabei aus dem Fenster …
- Ein Mensch telefoniert in einer sehr persönlichen Sache mit einem Freund und gibt Ratschläge. Dabei beschäftigt er sich mit einem Schachspiel und verrückt die Figuren …
- Ein Ehemann spricht mit seiner Frau über die gemeinsamen Pläne und putzt sich dabei die Fingernägel aus …
- Eine Frau begrüßt einen Verehrer und hält dabei nach weiteren Verehrern Ausschau …
- ein Politiker genießt das Bad in der Menge. Er schüttelt Hände, ohne Kontakt mit den dazugehörenden Personen aufzunehmen …
- Ein Mann umarmt eine Frau und zwinkert währenddessen einer anderen Dame zu …
- Ein Lehrer redet einem Schüler ins Gewissen, dabei umkreist er den armen Schüler und spricht eigentlich mit den Wänden …

Nonkontakt

- Eine Ehefrau macht ihrem Mann Vorwürfe, läuft dabei im Raum auf und ab, ohne mit dem Mann Kontakt aufzunehmen. Seinerseits ordnet dieser währenddessen ungerührt seine Briefmarkensammlung …
- Ein Polizeibeamter verhört einen Beschuldigten, wobei er ihm mit einer Lampe ins Gesicht leuchtet. Er selbst bleibt damit im Dunkeln. Er kann auch aufstehen und den Verhörten umkreisen oder von hinten ansprechen, wobei der Gefangene keine Möglichkeit hat, sich umzudrehen …

Wenn sich die Person, die im Nonkontakt angesprochen wird, dies gefallen lassen muß, so wird dem Zuschauer dadurch deutlich, daß sie sich nicht gegen diese Form des Nonkontaktes wehren kann und sich somit in einer schwachen Position befindet. Bricht die Person aber von sich aus den Nonkontakt auf, so ändern sich schlagartig die Machtverhältnisse und der zunächst Mächtige erscheint schwach oder zumindest in seinem Machtanspruch komisch:

- Der Haushofmeister Malvolio aus »Was ihr wollt« von Shakespeare gibt seinen Untergebenen Anweisungen über effektivere Hausarbeit, würdigt sie dabei keines Blickes, sondern blickt »staatsmännisch« gegen den Horizont und stolziert dabei – die gelben Kniegürtel kreuzweise gebunden – auf und ab.

Nun schiebt ihm Junker Rülp eine Fußbank in den Weg, die der Haushofmeister wegen seines staatmännischen Blicks übersieht und der Länge nach hinfällt. Als dies wenig nützt, um den guten Malvolio zu bremsen, marschieren die Angesprochenen auf gleicher Höhe mit Malvolio im Garten auf und ab und übernehmen chorisch jede seiner Armbewegungen.

- Ein Schüler wird von einem Lehrer umkreist, während er ermahnt wird. Der Schüler dreht sich mit …

Natürlich spielen beim Aufbrechen des Nonkontakts Körperhaltung und Blickrichtung der Emotion beim Angesprochenen eine große Rolle:

- Der brave Soldat Schwejk nimmt bei der Entgegennahme eines Befehls eine übertrieben militärische Haltung an und führt damit das Oben-Unten-Verhältnis ad absurdum …
- Eine Ehefrau versucht ihrem Mann im Nonkontakt klarzumachen, daß »es so nicht mehr weitergehen kann«. Der Angesprochene nimmt eine arrogante Haltung an, blickt seine Frau von oben herab an und geht ihre Wege im Raum mit auf und ab …
- Eine Ehefrau schimpft auf ihren Mann ein. Der Mann nimmt mit tiefem Schwerpunkt und weit offener Emotion eine »Teddybärhaltung« ein und stellt sich seiner Frau verzeihungheischend in den Weg …
- Der Soldat Jose erzählt Carmen, daß er nur ein einfacher Soldat sei und auch nur seine Befehle hätte, während Carmen mit lasziven Bewegungen den Nonkontakt aufbricht …

Die Qualität eines Dialoges wird durch die verschiedenen Kontaktformen bestimmt, die die sprechenden Personen zueinander einnehmen Dies soll an einem banalen Dialog erprobt werden:

(A und B stehen nebeneinander)

A: Einer allein kann das nicht!

B: Stimmt!

1. A und B im Augenkontakt …
2. A blickt in die Ferne – B blickt A ins Gesicht …
3. B blickt in die Ferne – A blickt B ins Gesicht …
4. Beide haben Nonkontakt und blicken in die Ferne.
5. Beide stehen Rücken an Rücken – berühren sich aber kaum …
6. Beide lehnen sich liebevoll Rücken an Rücken aneinander …

Nun können die vorgeschlagenen Positionen noch durch die verschiedenen Körperschwerpunkte und Emotionen fast endlos variiert werden …

Das Ausloten der Qualität und damit der »Richtung« eines Dialoges sollte aber auch bei der Erarbeitung von Theaterszenen eine wichtige Rolle spielen und nicht nur den Ideen und Anweisungen des Regisseurs überlassen werden.

In Büchners »Woyzeck« probiert Marie vor einem kleinen Spiegel die Ohrringe an, die ihr der Tambourmajor

geschenkt hat. Da tritt Woyzeck ein. Marie nimmt schnell die Ohrringe ab und verbirgt sie in der Hand.
Der Dialog besteht nur aus knappen Sätzen:
Woyzeck: Was hast?
Marie : Habs g'funden.
Woyzeck: Hab' so was noch nit g'funden. Zwei auf einmal!

- Woyzeck und Marie sind zueinander im Blickkontakt. Er beobachtet genau die Bewegung Maries und schaut dabei auf ihre geschlossene Faust. Marie bemerkt seinen Blick auf ihre Hand.
- Woyzeck schaut geradeaus. Er hat Nonkontakt zu Marie. Diese blickt ihn forschend an, ob er wohl etwas gesehen hat ...
- Woyzeck fühlt nur, daß am Verhalten Maries etwas ungewöhnlich ist. Er nimmt kurz Kontakt auf, den er sofort wieder abbricht.

Marie nimmt von seinem Blick keine Notiz ...

- Beide sind zueinander im Nonkontakt und wagen sich nicht anzublicken ...
- Woyzeck erzwingt den Augenkontakt Maries, die auszuweichen versucht, dann aber voll den Augenkontakt erwidert ...
- Woyzeck stellt sich hinter Marie. Marie dreht sich zu ihm um. Dann steht sie auf und nimmt eine Position hinter dem Rücken Woyzecks ein ...
- Woyzeck stellt sich hinter Marie, hält sie an den Schultern fest und hindert sie somit am Aufstehen ...

Gemeinsames und gleichzeitiges Spiel auf der Bühne

Zwei Menschen befinden sich in einem Raum. Einer sitzt in einem Sessel und liest in einem Buch. Der andere sitzt am Tisch und schreibt.
Beide sind gleichzeitig im Raum, aber sie tun nichts gemeinsam.
Es ist der Mühe wert, sich einmal darüber Gedanken zu machen, was es eigentlich heißt, auf der Bühne gemeinsam oder gleichzeitig zu agieren. Auch im Alltag, in Partnerschaft, Familie und Gruppe gilt diese Überlegung. Wie oft glaubt man, etwas gemeinsam zu unternehmen, tut es aber eigentlich nur gleichzeitig:
Im Urlaub am Strand, zu Hause vor dem Fernseher oder in noch intimeren Situationen ...
Aber es soll nicht über soziale Kontakte philosophiert werden, sondern über gemeinsames oder gleichzeitiges Handeln auf der Bühne nachgedacht werden.
Zunächst einmal setzt Gemeinsamkeit den gleichen Ort voraus, gleichzeitiges Handeln kann auch an verschiedenen Orten stattfinden.
Jedoch gehört zum gemeinsamen Handeln noch mehr: Elf Fußballer, die zur gleichen Zeit auf dem gleichen Platz spielen, müssen noch keine Mannschaft sein ...
Auch die Bühne, auf der die Akteure stehen, stellt keinesfalls automatisch gemeinsames Handeln her: Der Kunstgenuß ist sicherlich getrübt, wenn die Mitglieder eines Orchesters nur gleichzeitig spielen – sozusagen im gleichen Takt – und zur gleichen Zeit mit dem Satz einer Symphonie fertig werden, und man sieht es, wenn ein Tänzerpaar nur nach der gleichen Choreographie und Musik tanzt. Musik und Tanz bleiben in diesem Falle seelenlos.
Zur gemeinsamen Aktion gehört ein Konsens, der durch den gemeinsamen Atem entsteht. Dieser »gemeinsame Atem« kann allerdings nicht durch Atemübungen – Einatmen, Halten des Atems, Ausatmen – erzeugt werden. Er entsteht sozusagen durch die gleichen Schwingungen, die durch die Bewegungen der Akteure in der Szene hervorgerufen werden. Nennen wir diese Schwingungen der Einfachheit halber *»Rhythmus und Bewegung«*.
Ein Beispiel aus dem Gesellschaftstanz soll den Umstand näher erläutern: Solange ein Tänzerpaar noch den Takt zählen muß, bewegt es sich nur gleichzeitig nach der Musik, erst wenn sie ihre Bewegungen nach dem Rhythmus ausrichten, gelingt es ihnen, den »Atem der Musik zu leben« und gemeinsam über das Parkett zu

schweben. Der Takt vervollständigt dann nur noch die gemeinsame Bewegung.
Je komplizierter der Takt eines Musikstückes ist, desto mehr Anforderungen stellt es an das Rhythmusgefühl. Deshalb fördert z. B. der einfache, hämmernde Vierertakt gleichzeitige Bewegungen und wird auch oft zu diesem Zwecke eingesetzt. Der Vierertakt erleichtert das Marschieren und schafft durch das Mitklatschen in sogenannten volkstümlichen Musikveranstaltungen eine scheinbare Gemeinsamkeit.
Marschieren ist geradezu ein Musterbeispiel für gleichzeitige Bewegung: Die Gleichzeitigkeit wird durch Kompromisse erreicht.
Der eine bewegt sich etwas schneller, während der andere auf ihn wartet, bis sie beide wieder »im gleichen Schritt und Tritt« sind.
Gleichzeitigkeit kann und muß oft die Voraussetzung für Gemeinsamkeit sein. Sie wird erreicht durch Training und Übung des Bewegungsablaufes.
Gemeinsamkeit entsteht dann durch den Atem der Akteure, die dabei nicht einmal mehr die gleichen Bewegungsabläufe absolvieren müssen – Das Gütezeichen einer guten Choreographie. Sie nähern sich, sie entfernen sich, sie reden oder tanzen auf »einer Welle«.
Für die Schauspieler des Körpertheaters heißt das also, nicht beim »Proben« einer Szene oder eines Stückes stehen zu bleiben, sondern permanent zu »probieren«. Eine Inszenierung ist nicht fertig, wenn alle Akteure ihren Text ***auswendig gelernt haben*** und damit auf »Stichwort« agieren und das Stück »nach Partitur« spielen können. Gleichzeitigkeit auf der Bühne langweilt und ermüdet schnell das Publikum. Erst wenn die Spielerinnen und Spieler ihren Text ***»inwendig gelernt«*** und im gemeinsamen Spiel der Akteure Spannung entsteht, wird der Funke überspringen und das Publikum nicht nur Zuschauer sein, sondern in die »Gemeinschaft des Geschehens« aufgenommen werden. Wenn jede Schauspielerin und jeder Schauspieler im Stück nur ihren oder seinen Part spielt, wird die Besetzung stets in Haupt- und Nebenrollen und in sogenannte »Wurz'n«, d. h. bessere Statistenrollen, aufgeteilt sein. Wenn es jedoch dem Ensemble (französisch *ensemble* = zusammen, miteinander) gelingt, wirklich ein »Ensemble« zu sein, wird es auch keine großen und kleinen Rollen geben, da alle gemeinsam das Bühnengeschehen gestalten.
Es gilt, bei den nun folgenden Übungen *beides* zu erarbeiten: Zunächst eine Gleichzeitigkeit der Abläufe, um dann zur Gemeinsamkeit vorzudringen. Die Teilnehmer der Übungen müssen diesen Übergang selbst spüren und dürfen sich nicht auf die Kontrolle des Spielleiters verlassen. Der Regisseur kann hier – wie immer im Körpertheater – nur »Geburtshilfe« leisten, denn nur Gleichzeitigkeit läßt sich »erzeugen«; Gemeinsamkeit muß wachsen!
Der Regisseur und die zuschauenden Kolleginnen und Kollegen sollten am Ende der Szene oder Übung Feedback geben, aber nicht glauben, durch Zwischenrufe oder gar Anweisungen gemeinsames Handeln fördern zu können.
Zusammenfassend soll die Problematik von »gleichzeitig« und »gemeinsam« in einem Schema dargestellt werden (siehe nächste Seite).

Einer ist des anderen Spiegel

Der Aufbau der Übung beinhaltet auch zugleich den Übergang vom gleichzeitigen zum gemeinsamen Handeln:
Zunächst stehen zwei Spieler nebeneinander und führen nach Anweisung eines Dritten bestimmte Bewegungen aus, z.B. linken Arm heben, rechten Fuß nach vorne aufsetzen, den linken Fuß nachziehen usw.
Nach einigen Wiederholungen werden sich die Spieler synchron bewegen.
Nun gehen wir zu einer Vorform der gemeinsamen Bewegung über: Der bisherige Anleiter zieht sich nun zurück und die beiden Spieler stehen sich im Augenkontakt im Abstand einer doppelten Armlänge gegen-

gleichzeitig	**gemeinsam**
Synchrone (= zeitgleiche) Bewegung	Viele verschiedene Bewegungen ergeben ein gemeinsames Bild
»Exerzieren« nach Anweisung oder Zuruf eines einzelnen	Bewegungen im Partnerkontakt Einer gibt den Impuls an den anderen weiter.
Erreichen des Zieles durch Übung und Training	Entstehen der Gemeinsamkeit durch Übereinstimmung
Auszählen des Taktes für die Bewegung	Bewegungen im Rhythmus und im gleichen Atem
Agieren auf der Bühne auf Stichwort und Regieanweisung	Agieren auf der Bühne in Situationen
Jeder Spieler achtet auf seinen eigenen Erfolg	Die Spieler sind eine Gemeinschaft
Das Ergebnis ist wichtig	Der Prozeß ist wichtig
reproduzierender Schauspieler	produktiver Schauspieler

über. Einer soll nun der Spiegel des anderen sein. Damit wird eigentlich eine synchrone Bewegung unmöglich, da der »Spiegeldarsteller« spiegelverkehrt den rechten Arm heben wird, wenn der Führende den linken Arm hebt. Trotzdem wird man noch nicht von einer gemeinsamen Bewegung sprechen können, da zwischen dem »Vormachen« des einen und dem »Nachmachen« des anderen ein winziger zeitlicher Zwischenraum bestehen wird.
Durch Training können die beiden nun den zeitlichen Abstand so verringern und unsichtbar machen, daß für einen Betrachter eine scheinbare gemeinsame Bewegung entsteht.
Die Erfahrung wird zeigen, daß die Konzentration der beiden dabei sehr groß ist; sie werden die Übung angespannt, fast atemlos ausführen: Der Führende wird ständig kontrollieren müssen, ob ihm der andere folgen kann. Der geführte Partner wird sich stark darauf konzentrieren, möglichst schnell zu reagieren. Damit *reagieren* eigentlich beide, aber keiner *agiert!*
Die folgende Übung soll nun die gemeinsame Bewegung erreichen. Ruhige, fließende Musik ist als Begleitung der Übung sehr hilfreich!
Beide stehen sich gegenüber und beginnen im Augenkontakt zu atmen, wobei sich jeder bemühen muß, dem anderen auch beim Ein- und Ausatmen keine »Vorgabe« zu geben. Jede Bewegung hat im folgenden ihren Ursprung im Bauch, im Zentrum des Atmens. Daraus entsteht nun die erste Bewegung, die noch in der Aufteilung von »Akteur« und »Spiegel« geschieht. Nach

einigen Bewegungen läßt nun der Akteur z.B. den rechten Arm »stehen«, führt aber mit dem restlichen Körper Bewegungen aus, denen der »Spiegel« folgt. Diesen Arm (für den »Spiegel« der linke Arm) übernimmt nun der »Spiegel« in der Führung. Dann überläßt der »Akteur« einen anderen Körperteil zur Führung, während der »Spiegel« vielleicht wieder den linken Arm abgibt usw.

Am Ende einer gelungenen Spiegelübung bewegen sich beide gemeinsam und keiner weiß mehr, wer eigentlich führt. Damit wäre gemeinsames Handeln erreicht, eine echte Partnerschaft ! Bei diesen Übungen zum gemeinsamen Handeln muß man viel Geduld aufbringen. Sie sind nicht nach einem Übungsplan abzuhaken und werden nicht immer gleich gut gelingen. Aber wo gelingt Partnerschaft schon auf Anhieb?

Der erste sichtbare Erfolg wird erkennbar sein, wenn nach mehrmaliger Ausführung der Übung die beiden Partner nicht mehr verbal über die Rollenverteilung verhandeln, sondern bereits am Atem des anderen spüren, wer anfangs führen will.

Gehen im Raum

1. Wir grenzen eine rechteckige Fläche ab und stellen uns vor, daß dieses Rechteck im Schnittpunkt seiner Diagonalen auf einer Nadelspitze ruht. Nach vorgegebener Musik oder auch nur nach einem Metronom bewegen sich zwei Personen auf diesem Rechteck und müssen versuchen, die Fläche stets im Gleichgewicht zu halten. Zunächst wird sich jeder auf »seinen« Weg und »seine« Aufgabe unter Beobachtung des Partners konzentrieren. Beide werden blitzschnell auf die Bewegungen des Partners reagieren, um das Rechteck nicht kippen zu lassen: Sie bewegen sich damit zunächst Zug um Zug, mit fortschreitender Übung gleichzeitig auf dieser Fläche. Nun sollen die beiden einen gemeinsamen Rhythmus finden. Jede Bewegung entsteht im Augenkontakt über den Atem, man ahnt die Bewegung des Partners, versucht sie zu übernehmen und wieder abzugeben.

2. Mehrere Personen sollen kreuz und quer im Raum herumgehen. Zunächst wird man nur versuchen, nicht mit einem Partner zusammenzustoßen. Jeder geht seinen Weg. Zur Lösung dieser Aufgabe genügt oft nur ein Blick aus den Augenwinkeln.

Es entstehen aber auch Situationen, die wir von der Straße her kennen: Wir wollen einem anderen ausweichen, gleichzeitig tut dies aber auch der andere zur gleichen Seite. Dies ergibt oft sehr komische Situationen und Bewegungen, weil wir zu dieser Person keinen Kontakt haben; jeder will nur gleichzeitig ungehindert vorwärtskommen.

Nun soll jeder mit dem ins Blickfeld laufenden Partner vollen Augenkontakt aufnehmen, einige Sekunden halten – ohne daß der Rhythmus des Gehens beeinträchtigt oder gar gestoppt wird – und dann wieder aufgeben. Das Aufgeben des Augenkontakts soll aber kein Abbruch, sondern mehr ein Verabschieden sein. Schon durch den Augenkontakt werden sich die Partner in ihren Wegen im Raum angleichen, den Weg des anderen vorausahnen und sich ungehindert ausweichen. Eigentlich sind die Partner ein kleines Stück gemeinsam gegangen, obwohl sie aneinander vorbei gingen.

3. Mehrere Personen laufen im Raum kreuz und quer. Ein vorher bestimmter Spieler soll nun eine Laufrichtung, z. B. einen Linkskreis vorgeben, der sich nach und nach alle anderen anschließen sollen. Nun wird die Aufgabe geändert: Alle laufen und sollen über den Augenkontakt und den Atem eine gemeinsame Laufrichtung finden. Am Ende der Übung soll jeder Beteiligte sagen, an wem er sich orientiert hat … Der Rhythmus einer begleitenden Musik kann diese Übung erleichtern.

Verschiedene Handlungsorte – gemeinsame Handlungen

An zwei Schauspieler oder Schauspielerinnen werden zwei verschiedene Handlungsorte verteilt, wobei der eine nicht den Handlungsort des andern kennt. Als Handlungsorte können »Straße«, »Blumenladen«, »Wohnzimmer«, »Küche« angenommen werden. Auf der Bühne befindet sich ein tatsächlicher oder gedachter Trennungsstrich, jeder Spieler hat »seine« Bühne, auf der er nun zu agieren beginnt.
Zunächst spielen die beiden also gleichzeitig oder synchron auf der Bühne, wobei sich die beiden Akteure (als Spieler, nicht als Rollenfigur) aus den Augenwinkeln unauffällig beobachten müssen, da sie nach und nach zu einem gemeinsamen Spiel finden sollen. In der Entwicklung der Szene können die beiden dann auch als Rollenfigur aufeinander reagieren: So z. B. kann der eine Spieler auf das Angebot und den Handlungsort der Mitspielerin eingehen, indem er zunächst die Partnerin hört oder sieht und dann eine Tür am Trennungsstrich öffnet oder die Trennungslinie als Schaufenster deklariert.
Im weiteren Verlauf der Szene ist es aber auch im gemeinsamen Spiel der beiden möglich, daß sie beide Handlungsorte verbinden oder einen völlig neuen entstehen lassen.
Beispiel: Ein Spieler steht an der Bushaltestelle auf dem Bürgersteig und wartet auf den Bus. Der Handlungsort der Partnerin ist eine »Töpferei«. Die unsichtbare Trennungslinie kann nun das Schaufenster der Werkstatt werden und beide nehmen als Kunde und Töpferin Kontakt auf. Es ist aber ebenso möglich, daß sich die beiden durch die Schaufensterscheibe wiedererkennen (sie haben sich Jahre nicht gesehen) oder mit dem ersten Blick verlieben (soll ja auch vorkommen!). Natürlich kann auch die Töpferin aufstehen, sich die Hände säubern und eilends zur Tür gehen, weil sie den Bus noch erwischen will … oder neben dem Mann ganz zufällig auf den Bus warten, obwohl sie weiß, daß er erst in 20 Minuten kommt … Beide können aber auch einen völlig neuen Handlungsort schaffen, indem sie eine Szene in der Höhle der Neandertaler entwickeln – wenn der Mann mit dem Handlungsort »Bushaltestelle« nicht vorschnell eine festlegende Vorgabe gemacht hat, indem er an der Bushaltestelle nervös auf die Uhr schaute.
Ungeübten Spielern sollte gestattet sein, den Handlungsort des Partners zu kennen und sich vorher abzusprechen.
Wichtig ist bei dieser Übung, daß sich die Gemeinsamkeit des Spielens nicht nur in einem Schlußgag erschöpft.
Der Prozeß ist entscheidend, nicht das Ergebnis! Diese Übung ist kein Zweikampf der Ideen, sondern das Suchen nach einem Konsens.
Weitere Vorschläge für Handlungsorte:
Umkleidekabine in einer Boutique – Umkleidekabine im Schwimmbad –
Dorfkneipe – vornehmes Restaurant
Gefängniszelle – Amtsstube
Zuschauerraum im Theater – Zuschauerraum im Kino
Je extremer sich die Handlungsorte unterscheiden, desto schwieriger, aber auch umso reizvoller, wird das Suchen nach dem gemeinsamen Handlungsort:
Einsame Insel – romanischer Dom
Auf einem Bergesgipfel – Am Meeresstrand
Gefängniszelle – Auf dem Marktplatz.

Anmache und Flirt

Wie »im richtigen Leben« bleibt das Ansprechen eines anderen Menschen eine einfache Frage oder wird »Anmache«, wenn zwischen dem Sprecher und dem Angesprochenen nicht vorher über Augenkontakt (auch der Nonkontakt kann hier ein wichtiger Mittler sein!) ein gemeinsamer Atem und damit eine gleiche Schwingung erreicht wurde.

Aufgabe: Ein Spieler spricht eine Spielerin – oder umgekehrt – an.

- eine einfache Erkundigung nach dem Weg und eine ebenso einfache Auskunft …
- aus der einfachen Frage ergeben sich gemeinsame Schwingungen und man kommt ins Gespräch …
- aus der einfachen Frage wird unversehends ein Flirt …
- die einfache Frage war nur ein Vorwand, aber der Partner hat dies sofort gemerkt …
- die einfache Frage war nur ein Vorwand, den der Partner nicht bemerkt hat …
- die Kontaktaufnahme wird zunächst abgelehnt, erst im Laufe der Szene entstehen gemeinsame Schwingungen …
- beide geben sehr schnell gegenseitige Sympathie zu erkennen …
- beide geben sehr schnell gegenseitige Sympathie zu erkennen, werden aber durch äußere Umstände (der Handlungsort ist »Kirche« oder »Klassenzimmer«) daran gehindert, auf »gleiche Welle« zu gehen …
- beide geben sehr schnell gegenseitige Sympathie zu erkennen und demonstrieren dies auch vor »versammelter Verwandtschaft« (die Verwandtschaft freut sich darüber – ist empört) …
- beide signalisieren gegenseitige Sympathie, da erkennt der eine den andern als »Fiesling« wieder …
- beide signalisieren gegenseitige Sympathie, merken dann aber, daß sie verfeindeten Familien angehören …

7. Die vierte Wand

Der Zuschauer als Voyeur …

Ein großer Teil aller Theateraufführungen ist so konzipiert, daß das Publikum während der Aufführung mehr oder weniger zu geistiger Passivität verurteilt ist. Man verfolgt die Ereignisse auf der Bühne, als befände man sich diesseits einer gläsernen Wand – gebildet von der Rampe und dem Bühnenportal – die dem Zuschauer gestattet zu sehen, ohne gesehen zu werden. Dies wird durch die Dunkelheit im Zuschauerraum noch verstärkt.

Das Bühnengeschehen wird dadurch zur »Privatangelegenheit« der Akteure, der Zuschauer zum »Voyeur«. Stanislawsky fordert, daß ein Schauspieler so spielen muß, daß das Publikum ihm zuhört und zusieht, als wäre es rein zufällig im Saal anwesend. Das Publikum soll in eine Stimmung gebracht werden, als existiere es in diesem Augenblick des Bühnengeschehens überhaupt nicht.

Die Beleuchtung und die Bühneneffekte sind dem direkten Blick des Zuschauers entzogen, sie geschehen nur. Es wird der Anschein von Wirklichkeit gegeben, die Realität wird mehr nachgeahmt als dargestellt.

Die vierte Wand entstand nachts …

Die weltlichen Feste, Vergnügungen und damit auch die Theateraufführungen fanden im Mittelalter und in der Renaissance meist auf den Straßen, Plätzen und Innenhöfen, also im Freien statt.

Von Ausnahmen abgesehen, waren die größten weltlichen Räume, die in dieser Zeit gebaut wurden, Ratssäle. In den Schlössern und Burgen war für Feste und theatralische Veranstaltungen nur beschränkter Raum vorhanden.

Je stärker aber im Barock die höfische Präsentation zum Selbstzweck wird – vielfach nachgeahmtes Vorbild ist das Versailles von Ludwig XIV – desto mehr zieht sich das Fest, das Theater aus der Öffentlichkeit zurück in die Repräsentationsräume, während die Freiluftveranstaltungen dem niederen Volk überlassen werden.

Erst die Zeit des Barock schafft einen Gebäudetyp, dessen eigentlicher Zweck – neben Wohnen und Wirtschaften – das Fest, die theatralische Repräsentation der Macht ist: Das barocke Schloß, in dem meist auch ein eigener Theaterraum integriert war. Gleichzeitig mit der Verlagerung des Ortes verschiebt sich auch die Zeit der Theateraufführungen vom Tag in die Nacht.

Ludwig Ernst von Faramond schreibt 1793: »Die Hofleute verändern die Ordnung der Natur, indem sie aus Tag Nacht machen, wenn sie nämlich zur Ausübung ihrer Lustbarkeit wachen, da andere Menschen schlafen und hernach zur Wiedererlangung ihrer durch die Wollüste verlorenen Kräfte schlafen, da andere Menschen wachen und die Geschäfte des Berufes verrichten.«

Durch die Verlagerung des höfischen Theaters vom Platz unter freiem Himmel in den geschlossenen Theatersaal, vom Tag in die Nacht, wurde auch die »Illumination« notwendig, die Guckkastenbühne mit der sogenannten »vierten Wand« wurde installiert.

Auf der einen Seite saßen die adeligen Zuschauer, auf der anderen Seite der Rampe agierten die Schauspieler; ein Durchbrechen dieser Trennwand, ein direktes Ansprechen des Publikums wäre auch durch die Standesunterschiede nicht schicklich gewesen.

Die vierte Wand ist somit eine Folge der Trennung des Theaters in Volkstheater, das weiterhin auf den Spielort der Straßen und Plätze angewiesen war, und dem aristokratischen Theater, dessen Nachfolger das bürgerliche Theater wurde.

Francesco Andreini, ein großartiger Capitanodarsteller, wurde Mitte des 16. Jahrhunderts als Erneuerer des Theaters und der Commedia berühmt. Er war der Chef der Commedia-dell'arte-Truppe »dei Gelosi«, spielte am französischen Königshof und anderen Fürstenhöfen und mußte schon vom Selbstverständnis her das ursprüngliche Straßentheater in ein »seriöses« Theater umwandeln. Er soll eines Tages an seine Schauspieler geschrieben haben: »Ihr müßt vergessen, daß im Zuschauerraum ein Publikum sitzt, ihr seid im Theater, nicht auf dem Marktplatz, ihr seid Schauspieler, keine Gaukler und Spielleute!«[1]

Damit bahnte er bereits im Rahmen der Commedia dell'arte eine ideologische Haltung an, mit der man auch heute noch im bürgerlichen Theater auf die Gaukler und »unseriösen« Komödianten des Volkstheaters herabsieht, die »ja nur« Geld und Lebensunterhalt mit ihrem Spiel verdienen und »somit ja keine Kunst machen können«.

Die vierte Wand trennt oft auch »E« von »U« …

Diese Haltung wurde verfestigt durch die Trennung in U-Musik und E-Musik, in Unterhaltungstheater und ernster Theaterkunst und erlebte mit der Gründung der Theaterwissenschaften ihren absurden Höhepunkt.

»Man« hat ja schließlich den gesamten Theaterapparat zur Verfügung, um Kunst zu machen. Die Eintrittskarten und die Abos sind schon vor Beginn der Aufführung bezahlt. Am Theater gilt der Satz leider nicht, der in der Geschäftswelt üblich ist: »Bei Nichtgefallen Umtausch oder Geld zurück«.

Eigentlich sollte man – aber das ist nur ein ketzerischer Gedanke – im Theater das Eintrittsgeld abschaffen und dafür ein »Austrittsgeld« einführen, das nur entrichtet wird, wenn die Aufführung gefallen hat.

[1] zitiert nach Dario Fo, Kleines Handbuch des Schauspielers

Das »a parte« und der Hunger des Harlekins …

Das Volkstheater,die Schauspieler der Commedia, die Spielleute, die Geschichtenerzähler auf den Marktplätzen kannten und benutzten eine ganz spezifische Technik und hatten diese zur Meisterschaft entwickelt: das »a parte«.

War eine Szene ins Stocken geraten, so »würgten« sie regelrecht die Szene ab, unterbrachen sie mit einer direkten Wendung ans Publikum, etwa in der Form »… ihr habt gut lachen über mich …«

Ebenso wie diese Form der Parabase (= Überschreitung der Rampe) wurde auch der »Lazzo« (heutzutage würden wir eventuell »Gag« sagen) eingebracht.

»A parte« war ein Spiel im Spiel, eine Art Fiktion und gleichzeitig eine Form der Auseinandersetzung mit der Realität. Ein großartiges Beispiel ist uns überliefert:

Der Hunger des Harlekin.

Vor Hunger heult Harlekin zum Steinerweichen und vergießt bittere Tränen. Er erzählt dem Publikum (in direkter Ansprache), daß er seit Wochen nichts Anständiges gegessen hat. Er heult, schiebt seine Unterlippe nach vorn und fängt seine Tränen auf, die er dann genüßlich schlürft und von denen er in Ermangelung anderer Nahrung lebt …

Wie die gesamte Aufführung einer Commedia ist auch dieser Lazzo eine Fiktion, welche die Realität widerspiegelt, aber nicht vorgibt, sie nachzuahmen. Er geht von der Realität aus, formt sie mit den Mitteln des Theaters um, und gibt sie dem Publikum als eine universal gültige zurück.

Diese **Darstellung der Wirklichkeit** ist nur möglich in der direkten Kommunikation mit dem Publikum – im Gegensatz zur **Nachahmung der Wirklichkeit** hinter der abgeriegelten vierten Wand der Guckkastenbühne.

Auch Molière setzte – im Gegensatz zu seinen »seriösen« Kollegen – nach verschiedenen Überlieferungen auf diese Technik.

Seine Spieler sollten aus der Szenographie, aus der Magie des geschlossenen Bühnenraums heraustreten.

Molière hat das Spiel auf der Vorderbühne verstärkt hervorgehoben, indem er die Schauspieler hier auftreten ließ, ausgehend von der Erfahrung, der Bedeutung der physischen Beteiligung des Zuschauers am Bühnengeschehen. Diese Erfahrung machte er im Milieu seines Wandertheaters. Er war fast 20 Jahre mit seinem »Illustren Theater« unterwegs und kam sozusagen »von der Straße«.

Eine Anekdote erzählt, daß Molière – als der Sonnenkönig und der versammelte Hof über ein neues Stück nicht lachen wollte – in seiner Verzweiflung einfach in den Flügel neben der Bühne sprang; er landete krachend, der König lachte über diese seltsame Überschreitung der Rampe – im wahrsten Sinne des Wortes – und das Stück war gerettet …

Um die vierte Wand zum Zuschauerraum aufzubauen und damit die Trennung von Publikum und Bühnengeschehen zu erreichen, mußten die seriösen, bürgerlichen Theatermacher nun notgedrungen diese »gauklerhafte Anmache des Publikums« – so könnte man das »a parte« negativ bezeichnen – der Spielleute und des Volkstheaters austilgen.

Was ist nun genau unter diesem »a parte« zu verstehen.

Statt einer langatmigen Beschreibung soll ein Beispiel den Sachverhalt klären.
Ein Mann steht auf der Bühne.
Eine Frau kommt hinzu und blickt ihn an.

Der Mann : »Einen wunderschönen Tag! Sagen Sie, haben wir uns nicht schon irgendwo gesehen?«
Die Frau: »Ich wüßte nicht wo?«
Der Mann: »Sie haben wundervolle Augen.«

Diese Szene ist für das Spiel mit vierter Wand skizziert.
Der Zuschauer wird »zufällig« Zeuge dieser Begegnung.
Nun dieselbe Szene »a parte« – ohne die trennende vierte Wand zum Zuschauerraum gespielt.
Ein Mann steht auf der Bühne.
Eine Frau kommt hinzu und blickt ihn an.

Der Mann *zum Publikum:* *»Habt Ihr gesehen, sie hat mich angesehen!«*
Der Mann zur Frau: »Einen wunderschönen Tag! Sagen Sie, haben wir uns nicht schon irgendwo gesehen?«
Die Frau *zum Publikum:* *»Daß den Männern doch nie etwas Originelles einfällt!«*
Die Frau zum Mann: »Ich wüßte nicht wo?«
Der Mann *zum Publikum:* *»Sie ziert sich nur, das ist ein gutes » Zeichen!«*
Der Mann zur Frau: »Sie haben wundervolle Augen.«
Die Frau *zum Publikum:* *»Noch eine solche Bemerkung und er hat ein blaues Auge ...«*

Die »a parte«-Teile – die Wendungen ans Publikum – können natürlich auch teilweise oder vollkommen nonverbal durch Gestus, Mimik, Körperschwerpunkt oder dargestellter Emotion gespielt werden.
Wichtig ist:

- Durch diese Wendungen ans Publikum ist der Zuschauer nicht durch eine Wand vom Bühnengeschehen getrennt.
- Es entsteht Kommunikation zwischen Schauspieler und Zuschauern.
- Der Zuschauer belauscht nicht eine Anmach-Szene, sondern er wird ins Geschehen einbezogen und muß sich entscheiden, wem er seine Sympathie geben will.
- Der Zuschauer denkt nicht *über die Personen* auf der Bühne, er denkt *mit den Personen,* ja er kann den Spielern seine Meinung zurufen ... und damit wären wir beim Publikum des Kindertheaters oder des Volkstheaters früherer Zeiten angelangt, wo die Zuschauer Zustimmung und Protest laut äußerten, durch Zurufe einen Schauspieler anfeuerten oder zwangen aufzuhören, und nicht wie heutzutage überlegen, was die Kritik wohl morgen über diese Inszenierung schreiben wird.

Ganz ohne »a parte« läuft die Sache nicht ...

Selbstverständlich ist diese »a parte-Spielweise« nicht jedem Theaterstück angemessen. Viele Theatertexte des bürgerlichen Theaters erfordern die vierte Wand, und es wäre albern, diese Spielweise prinzipiell als die bessere zu bezeichnen und auf jedes Stück zu übertragen.
So würde es sicherlich nicht einer gewissen unfreiwilligen Komik entbehren, wenn Johanna in Schillers »Jungfrau von Orleans« bereits im Prolog mit direkter Wendung zum Publikum sprechen würde:
»Lebt wohl ihr Berge, ihr geliebten Triften ...
... Johanna geht, und nimmer kehrt sie wieder!«
Schiller fordert eben in seiner Regieanmerkung *»Johanna allein«* und will, daß der Zuschauer Johanna bei ihrem Selbstgespräch nur belauscht.
Ein teilweises Aufbrechen der vierten Wand ermöglicht eine gewisse Miteinbeziehung des Publikums.
So könnte sich im gleichen Stück der Dauphin Karl in seiner Antwort auch an die Zuschauer wenden:

Ratsherr *(mit einem Fußfall)*
O König, hilf uns! Unsrer Not gedenke!

Karl *(verzweiflungsvoll)*
Kann ich Armeen aus dem Boden stampfen? Wächst mir ein Kornfeld auf der flachen Hand?
Schiller, Jungfrau von Orleans, 1. Aufzug, 4. Auftritt

Eigentlich verschiebt hier der Darsteller durch seine Wendung ans Publikum die vierte Wand bis an die Rückwand des Theaterraumes, da er sich nicht an die Zuschauer als Zuschauer wendet, sondern sie gleichsam als Hofstaat, als Anwesende im Hoflager zu Chinon anspricht. Die Zuschauer werden damit kurzzeitig als Statisten des Bühnengeschehens miteinbezogen.
Löst ein Darsteller während eines Dialoges mit einem Partner in einer Szene, in der die Trennung des Bühnengeschehens vom Publikum erforderlich erscheint, die vierte Wand auf, so macht er den Zuschauer dadurch auf den Inhalt des Satzes aufmerksam und steigt damit auch kurzzeitig aus der Szene aus. Er impliziert in sein Spiel durch seine Wendung zum Publikum sinngemäß die Frage »Habt ihr den Satz auch verstanden?«.
Die Wendung, der Blick zum Publikum darf daher in einer Szene mit vierter Wand niemals unabsichtlich geschehen – durch fehlende Konzentration, eitles Sich-Produzieren oder gar neugieriges »Begucken« des Zuschauerraums, wer da wohl so alles unten sitzt, da sonst die Szene in ihrer Wertigkeit verändert wird.
Durch den kurzzeitigen, absichtlichen Ausstieg aus der Szene und die damit verbundene Wendung zum Publikum, kann auch die Absicht des Theatermachers sichtbar werden:
Ein Blick zum Publikum im oben beschriebenen Sinn, könnte in einer Diktatur den Tatbestand der Volksverhetzung und Aufwiegelung erfüllen, wenn sich der Darsteller z. B. in Schillers Wilhelm Tell mit dem Satz *»Nein, eine Grenze hat Tyrannenmacht ...«* direkt ans Publikum wendet.
Ebenso kann ein einfaches Wortspiel oder ein Bonmot durch einen augenzwinkernden Blick ins Publikum, durch die Wendung zum Zuschauer im Sinne *»man kann's natürlich auch anders auffassen«* verstärkt werden oder aus der Unverbindlichkeit herausgehoben werden:
Shakespeare, Wie es euch gefällt:
Rosalind zu Benedikt: »Ja, ihr Männer seid der Stamm, wir Frauen sind die Reben ...«
Mit einem Blick auf den »Stamm« des Benedikt, gefolgt von einer schmunzelnden Kontaktaufnahme mit dem Zuschauer wird aus einer harmlosen Metapher ein anzügliches Wortspiel.
Diese Technik machen sich viele Kabarettisten zunutze, indem sie das Publikum scheinbar in der »Sicherheit des Zuschauers und Voyeurs« belassen, während sie eine Szene spielen, in der die vierte Wand zunächst notwendig erscheint. Durch eine kurzzeitige Auflösung der vierten Wand und der Wendung zum Zuschauer – meist verbunden mit einer Denkpause – wird z. B. ein harmloses unverfängliches Wortspiel »aktualisiert« und verschärft.
Als großartiges Beispiel ist hier der unvergessene Kabarettist Werner Fink zu nennen, der in einer Szene mit einem Partner während eines sachlichen Gespräches immer wieder den rechten Arm zum Hitlergruß hebt. Auf die Frage, was dies bedeuten soll, antwortet er (mit anschließendem Blick und entwaffnendem Grinsen zum Publikum): »Aufgehobene Rechte, was sonst?«
Es gibt – wie überall im Theater – auch bei der Technik des »a parte« kein »richtig« und kein »falsch« und keine wertende Regel. Man muß sich der Wirkung nur bewußt sein und einen Blick, eine Wendung zum Publikum absichtlich einsetzen oder vermeiden.
Ganz ohne dieses »a parte« kam und kommt aber auch das bürgerliche Theater nicht aus. Es wurde nur eine literarische Form daraus: das Beiseitesprechen, der laut ausgesprochene Gedanke, das Zwiegespräch mit sich selbst – in den Regieanweisungen meist ***beiseite gesprochen***, ***für sich*** oder ***vor sich*** betitelt:
Gotthold Ephraim Lessing, Minna von Barnhelm, 5. Aufzug, 15. Auftritt:
Franciska: ***(vor sich)*** *Ja gewiß, es ist ein gar zu guter Mann – So einer kömmt mir nicht wieder vor. – Es muß*

heraus! (schüchtern und verschämt sich Werner nähernd) Herr Wachtmeister!

Andreini und seine Nachfolger führten in den Commedias auch Figuren ein, Diener und Boten oder auch Passanten. Sie hatten mit der eigentlichen Handlung des Stückes nichts zu tun. Sie waren nur Ansprechpartner für die handelnden Personen, beantworteten Fragen, wie *»haben sie das gesehen?«* oder gaben auf Befragen Wut, Empörung oder Zustimmung kund – Ersatz für das »a parte«-Spiel.

Im Theater der griechischen Antike überschreitet der Chor prinzipiell die Rampe und wendet sich an die Zuschauer.

Diese Spielweise erfordern auch die Adaptionen antiker Stücke durch moderne Schriftsteller, die den Chor oft durch einen Sprecher ersetzen. Bei diesen Sprechertexten ist dann besonders darauf zu achten, daß der Sprecher sich tatsächlich an den Zuschauer wendet und nicht ein Teil der Szene bleibt, die mit vierter Wand gespielt wird.

Jean Anouilh, Antigone.[1]

Neutrales Bühnenbild. Beim Aufgehen des Vorhangs sind alle Personen auf der Bühne. Sie plaudern, stricken oder spielen Karten. Der Sprecher tritt vor.

Sprecher: *Also gut ... Diese Gestalten werden ihnen jetzt die Geschichte der Antigone vorspielen. Antigone, das ist die kleine Magere, die dort drüben sitzt und kein Wort sagt ...*

Ebenso ist der »Subtext« – die Gedanken der Figur, während sie den Text spricht –, den Regisseur und Schauspieler sich zurechtlegen, oft gewissermaßen ein Ersatz für das »a parte«.

Wenn der Schauspieler aber diesen Subtext sprachlich und auch körperlich für sich behält und nur »verinnerlicht«, sieht das Publikum zwar, daß der Schauspieler sichtlich eine Menge durchlebt, aber was, bleibt unklar; man hört nur den Text, den der Dichter vorgegeben hat. Leider ist diese Tatsache oft gepaart mit der Arroganz mancher Theatermacher, die bei Mißerfolgen dann über falsche Lacher oder über die Schwerfälligkeit der Zuschauer klagen.

Wenn das Publikum eine Szene nicht versteht, ist nicht das Publikum dumm oder schwerfällig, sondern der Schauspieler schlecht oder die Szene unverständlich inszeniert!

Selbst wenn man sich als Theatergenie betrachtet, sollte man nicht vergessen, daß Theater Kommunikation und nicht Nabelschau bedeutet!

Was geschieht also im Zuschauer beim »a parte« ?

Im gleichen Moment, in dem der Schauspieler in seiner Rolle mit dem Zuschauer kommuniziert, schafft er eine Distanz zur dargestellten Figur, kritisiert sie, berichtigt sie und provoziert das Publikum zum Mitdenken.

- Im Spiel mit der viertenWand darf sich der Zuschauer Gedanken machen *über* das Geschehnis auf der Bühne, er reagiert.
- Im Spiel ohne vierte Wand denkt er *mit* dem Spieler, er wird sozusagen zum Mitspieler.

Zugleich empfindet er das Bühnengeschehen nicht als nachgeahmte Realität, sondern erlebt es im Bewußtsein, an einer Fiktion teilzunehmen, die nur Darstellung der Realität ist, ein Gleichnis, ein Angebot. Dadurch denkt er nicht »darüber« nach, sondern er wird angeregt »weiter« zu denken.

Molière pflegte – nach Dario Fo zitiert[2] – zu sagen: »Ein Schauspieler braucht keine besonderen Hilfsmittel. Er kann mit Stimme und Körper dem Zuschauer das Gefühl vermitteln, daß draußen die Sonne scheint, oder daß es regnet, ohne daß er auf Maschinen und Beleuchtung zurückgreifen muß.«

Auch die Spielweise im Shakespearetheater war in diesem Sinne episch. Man begnügte sich nicht damit, z. B. ein Schild **»MARKTPLATZ VON VERONA«** aufzuhängen

[1] Anouilh, Antigone, Goldmanns Klassiker mit Erläuterungen

[2] zitiert nach Dario Fo, Kleines Handbuch des Schauspielers

… Man »erspielte« auch die Hitze, den Geruch, den Trubel einer toskanischen Stadt, all das, wozu ein Regisseur heute eine riesige Anzahl an Scheinwerfern und Statisten braucht. Am hellichten Nachmittag verfinsterte sich im Globe-Theater der Himmel über der Heide im »König Lear«, der Regen prasselte …

Hier sei auf die Gleichzeitigkeit und Gemeinsamkeit des Bühnengeschehens hingewiesen: Im Spiel mit der vierten Wand erleben Zuschauer und Schauspieler das Bühnengeschehen gleichzeitig, im Spiel ohne 4. Wand erleben sie es gemeinsam.

Vom Teilhaben lassen und vom Teilnehmen …

Die vierte Wand trennt die Zuschauer von der Bühne, grenzt sie aus von den Gedanken des Mimen.

Das Spiel ohne vierte Wand läßt den Zuschauer teilhaben am Geschehen.

Teilhabe heißt, das Publikum an den Überlegungen und Absichten der Theatermacher teilnehmen und nicht in der Beliebigkeit der Gedanken verweilen zu lassen.

Ein besonders gutes Beispiel ist hier die sogenannte klassische Pantomime. Darunter ist nicht das nonverbale Körpertheater, die Technik, die der Spielmann zur Sprachgestaltung einsetzt, zu verstehen, sondern die Darstellung imaginärer Räume und Kräfte, Personen und Gegenstände – meisterhaft praktiziert z. B. vom großen Marcel Marceau.

Diese klassische Pantomime als Theaterform muß mit vierter Wand gespielt werden, da sonst der Mime z. B. die durch seine Spieltechnik aufgebaute imaginäre Wand sofort wieder zerstören würde oder sie durch einen Blick ins Publikum zur Glaswand verändern würde.

Der Mime spielt einen Gefangenen, der in eine Zelle eingesperrt ist:

Er baut mit der Technik der Pantomime imaginäre Wände, verzweifelt an diesen Wänden, endlich findet er einen lockeren Mauerstein und beginnt, diesen herauszubrechen. Er erweitert die Öffnung und kriecht nun durch dieses Loch ins Freie. Doch da steht er vor der nächsten Wand …

Durch die streng eingehaltene vierte Wand beläßt der Mime nun den Zuschauer in der Beliebigkeit der Interpretation:

- Ein Zuschauer hat im Moment Probleme und erkennt sich selbst in dieser Szene – er interpretiert psychologisch.
- Ein anderer Zuschauer hat am Vortag im Fernsehen einen Bericht über Menschenrechtsverletzungen gesehen und wird durch die Szene nun daran erinnert – er interpretiert politisch.
- Ein Dritter sieht darin die Situation des Menschen an sich – er interpretiert philosophisch.

Damit kann festgestellt – aber natürlich nicht gewertet – werden: Alle drei sind *gleichzeitig* vom Spiel des Mimen ergriffen, aber sie erleben *nicht gemeinsam.* Sie sind Betrachter einer Szene, werdem emotional oder rational berührt, aber sie haben nicht teil.

»Teilhaben lassen« heißt, den Zuschauern zum Weiterdenken zu provozieren, ihn mitlachen und mitmachen zu lassen.

Im Kindertheater tun das die Kinder ungefragt von ganz alleine, sie sprechen mit, rufen dazwischen, protestieren und feuern an. Sie wenden sich anderen Dingen zu und werden »unaufmerksam«, wenn die Szene langweilig wird, wenn sie nicht von Eltern und Lehrern gebremst werden. Sie sind das kleine Kind in der Geschichte von »des Kaisers neue Kleider«, sie sagen lauthals, daß der Schauspieler »nackt« ist.

Diese Provokation zur Teilhabe muß nicht nur vom einzelnen Schauspieler ausgehen, vielleicht gar verbalisiert in der berühmten Kasperfrage: »Seid ihr alle da? Ich höre euch nicht! Was habt ihr gesagt?«

Das hieße, Volkstheater und damit auch die Teilhabe auf die leichte Schulter zu nehmen!

Die Provokation kann und muß aus dem Spiel des Schauspielers und aus der Situation kommen. Wer ein-

mal – hier sei noch einmal das Kasperltheater zitiert – beobachtet hat, wie die Kinder sich ereifern und mitkämpfen, wenn der Kasper partout das Krokodil nicht sieht, weiß, was darunter zu verstehen ist.
Kindertheater muß stets in diesem Sinne Volkstheater sein und ohne vierte Wand gespielt werden.
Selbstverständlich sollte man hierbei nicht das »Kind mit dem Bade ausschütten«:
Man muß nicht ständig mit dem Publikum kommunizieren!
Auch in der Fiktion des Volkstheaters gibt es Belauschungsszenen, die Träger einer gewissen Komik sind. Das Publikum belauscht dabei heimlich – oft zusammen mit einigen Schauspielern – eine Person im Selbstgespräch oder mehrere Personen, die eine Intrige verabreden.
Ein sehr klares Beispiel ist die 5. Szene, 2. Akt aus »Was ihr wollt« von W. Shakespeare:
Dem arroganten Haushofmeister Malvolio wird ein gefälschter Brief zugespielt. Er glaubt, dieser Liebesbrief sei von seiner Herrin an ihn geschrieben, und er fühlt sich schon als neuer Hausherr. Während er nun den Brief liest, belauscht ihn das Publikum bei seinen geheimsten Gedanken und Träumen. Ein Öffnen der vierten Wand durch den Darsteller des Malvolio würde die Szene zerstören. Gleichzeitig belauschen ihn aber die Urheber des Briefes, ermahnen sich gegenseitig zur Ruhe, nehmen mit ihren Kommentaren aber auch Kontakt zum Publikum auf und heben damit ihrerseits die vierte Wand auf.
Es ist sicherlich einsehbar, daß die vierte Wand und das Öffnen der vierten Wand von den Darstellern mit größter Disziplin und Genauigkeit erarbeitet werden muß, da die Szene sonst unklar und schwammig bleibt.

Malvolio: *Herzog Malvolio, so will ich heißen.*
Sir Toby: *Dieser Hund*
Sir Andrew: *Erschießen, einfach erschießen, sag ich*
Sir Toby: *Ruhe jetzt*
Malvolio: *Es gibt immerhin Beispiele: hat nicht Lady von Strachy ihren Kammerdiener geheiratet?*
Fabian: *Da steckt er doch schon drin, wie ihn die Einbildung aufbläst.*
Malvolio: *Drei Monate nach meiner Hochzeit setz ich mich in meinen goldnen Stuhl –*
Sir Toby: *Ein Katapult, auf daß ich ihm sein Aug ausschieß.*
Malvolio: *und rufe meine Diener, ich ganz in Samt, hab grad das Bett verlassen, in dem Olivia eingeschlafen ist –*
Sir Toby: *Ich schlag ihn tot*
Fabian: *Sei doch ruhig* [1]

Szenische Übungen zum Spiel mit und ohne vierte Wand

Unter Einbeziehung der Übungen und Erfahrungen mit den Techniken des Punktes der Aufmerksamkeit, der verschiedenen Kontaktformen und der Dreiheit von Blick – Atem – Neigung sollen nun einige elementare Übungen die Wirkung einer Szene bei »geschlossener » oder »geöffneter« vierten Wand zeigen.
Wichtigstes Kriterium bei den Übungen zur vierten Wand ist es, daß die **Rollenfigur** die vierte Wand auflöst, nicht aber der **Schauspieler als Privatperson**. Auch wenn sich z.B. Harlekin mit extemporiertem Text direkt ans Publikum wendet, bleibt er doch Harlekin!
Das Öffnen der vierten Wand, die Zuwendung zum Zuschauer ist bestimmt durch die unausgesprochene oder tatsächlich gesprochene Frage *»Habt **ihr** das gesehen?«* und keinesfalls von der Aufforderung *»Schaut her, wie ich, der Schauspieler XY, diese Sache unternehme!«*
Manche Rollenfiguren sind von ihrer Anlage her dafür prädestiniert, die vierte Wand aufzuheben, so z.B. die Narren in vielen Stücken von Shakespeare.
Aber auch diese Rollenfigur muß sich nicht unbedingt stets an den Zuschauer wenden.

[1] Übersetzung Thomas Brasch; Insel Taschenbuch

Ziel bei den nun folgenden szenischen Übungen ist es,

1. auszuprobieren, wie die Wirkung und damit die Qualität der Szene sich ändert, wenn eine der beiden oder beide Figuren die vierte Wand zum Zuschauer auflösen.
2. den Aufbau oder die Auflösung der vierten Wand dem Agierenden bewußtzumachen und damit der Zufälligkeit zu entziehen.

Erst dadurch wird es der Spielerin und dem Spieler möglich, bei jeder Wiederholung der Szene den Kontakt zum Publikum neu von sich aus aufzubauen oder abzubrechen und nicht nur einer Anweisung des Regisseurs zu folgen. Dieser gibt bei den Übungen und bei der Erprobung der Szene für eine Aufführung zunächst nur das Feedback und legt dann zusammen mit den Schauspielern die Qualität und damit auch die Interpretation der Szene fest.

Zunächst soll der »Umgang mit der vierten Wand« in Aufbau, Stufung und Wirkung durch eine elementare Übung in Form von drei nonverbalen Improvisationen erarbeitet werden:

DIE FENSTERÜBUNG

1. Ein Mensch steht auf der Bühne und schaut durch ein imaginäres oder real gebautes Fenster, das zur Bühnengasse seitwärts gerichtet ist.

Die Spielerin oder der Spieler beobachtet einen Punkt in der Gasse außerhalb der Bühne und bemüht sich, nicht Beobachtung darzustellen, sondern tatsächlich zu beobachten.

Soll der Spieler oder die Spielerin laut Textbuch einen bestimmten Vorgang beobachten, so sollte sich der Beobachter eine kleine Filmleinwand in der Gasse vorstellen, auf der das Ereignis zu sehen ist.

Ein Partner sitzt auf der anderen Seite der Bühne und beobachtet ein Detail der Fensterperson (Blickkontakt).Irgendwann steht der Sitzende auf (zunächst sollte man hierbei eine klare Reihenfolge beachten: Ausschwingen des Interesses, Bereitschaft, Blick-Atem-Neigung in Richtung Fensterperson, Gelassenheit und dann erst Aktion), geht zur Fensterperson und nimmt Kontakt mit ihr auf. Diese erwidert den Kontakt auf die gleiche Weise.

Erst jetzt kann oder soll eventuell ein Satz gesprochen werden.

2. Zunächst die gleiche Anordnung der Personen auf der Bühne: Eine steht am Fenster, eine andere sitzt auf einem Stuhl. Nun steht noch eine dritte Person an der Rückwand der Bühne, die abwechselnd eine der beiden anderen beobachtet und ansonsten nicht in das Bühnengeschehen eingreift; sie beantwortet nur die Blicke der Spieler.

Zwischen jeder Aktion des Sitzenden wird nun ein Blick auf den Beobachter geworfen:

... Blick auf die Fensterperson (*»Was sieht der denn?«*).
... Ausschwingen des Interesses.,
... Blick auf den Beobachter *(Siehst du den?«)*.
... Bereitschaft mit Blick-Atem-Neigung (*Das interessiert mich jetzt wirklich!«)*.
... Blick auf den Beobachter *(Ich gehe jetzt mal hin!«)*.
... usw.

3. Nun wird die Beobachterperson in den Zuschauerraum gesetzt und damit die vierte Wand geöffnet: Aufmerksamkeit auf die Fensterperson ; Ausschwingen und Öffnen der vierten Wand *»Seht Ihr die Person auch?«* ; Ausschwingen und wieder Beobachtung der Fensterperson; Ausschwingen und Öffnen der vierten Wand *»Ich bin neugierig, was die sieht!«*; Ausschwingen und Gang zur Fensterperson; Auch die Fensterperson schwingt in ihrem Interesse aus und wendet sich ihrem Partner zu; Ausschwingen, dann Öffnung der vierten Wand *»Der ist aber neugierig!«* usw.

Das Öffnen der vierten Wand ist nicht nur ein kurzer Blick in den Zuschauerraum. Die Intensität des Kontakts zum Zuschauer, der ja dann eigentlich die dritte Person im gesamten Theaterraum ist, muß genauso groß sein, wie der zum Partner oder zum Gegenstand.

Als Grundregel für die Eindeutigkeit des Blickes gilt: Die Nase des Spielers zeigt die Blickrichtung der Augen!

Kommentierendes Spiel

Um das Öffnen der vierten Wand unzweideutig und klar werden lassen, sollte die Szene bei den nun folgenden Übungen zuerst mit vierter Wand gespielt werden. Erst in der Wiederholung öffnet dann einer der Spieler die vierte Wand.

Selbstverständlich kann das »a parte« auch mit kurzen Kommentaren verbal geschehen. Man sollte sich jedoch hüten, »das a parte- *Spiel«* durch alltägliche *»Zeichen«* zu ersetzen, z. B. Vogel zeigen, Schulterzucken, Augenbrauen heben und dabei mit dem Daumen auf den Partner zeigen.

- A erzählt B etwas, aber B glaubt es nicht. Nun zeigt B dem Publikum, daß er der Erzählung von A nicht glaubt.
- A erzählt B etwas, glaubt aber selbst nicht, was er redet. B jedoch hört seiner Erzählung gläubig zu. Nun zeigt A dem Publikum, daß seine Erzählung nicht wahr ist.
- A erzählt B etwas, glaubt es aber selbst nicht. A zeigt nun dem Publikum, daß er unwahr spricht und B zeigt gleichzeitig, daß er A nicht glaubt. Voreinander tun sie aber so, als ob sie sich vertrauten.
- A macht einen B gehörenden Gegenstand schlecht. Dabei hofft er aber, daß B ihm den Gegenstand überläßt. Nun zeigt B dem Publikum, daß er A durchschaut. In einer Variation zeigt A dem Publikum, daß er nur schönredet, um den Gegenstand zu bekommen.
- A erzählt B etwas. Ein dritter Spieler C zeigt dem Publikum, daß er A nicht glaubt und B für beschränkt hält.
- A schenkt dem B etwas. C zeigt dem Publikum, daß er das Geschenk selbst gerne bekommen hätte.

Nun sind viele Variationen dieser Übung möglich: So könnte z. B. der A dem B etwas erzählen, C zeigt dem B *und* dem Publikum, daß er die Lügen durchschaut ... oder C zeigt dem A *und* dem Publikum, daß er Verständnis für seine Lügern hat ...

A-parte-Spiel mit Texten aus Theaterstücken

Die nun folgenden Szenen aus Theaterstücken sind bereits gekürzt und als Übungen für Schauspielerinnen und Schauspieler aufbereitet.

Man sollte sich dabei nicht um die »stimmige« männliche oder weibliche Besetzung kümmern.

Für Amateurtheatergruppen rate ich, diese Übungen auf alle Fälle in ihren Übungsplan aufzunehmen, auch wenn sie nicht planen, ein »klassisches« Stück aufzuführen.

Die Texte müssen nicht unbedingt wortgetreu auswendig gelernt sein, wichtig sind die nonverbalen Aktionen im Umgang mit der vierten Wand.

Abschließend sei noch einmal festgestellt, daß das Spiel ohne vierte Wand den Zuschauer als »dritte Person« miteinbezieht, aber keinesfalls erfordert, daß der Darsteller eine ständige Wendung zum Publikum bevorzugt. Ein einziger Blick zum Zuschauer bringt oft mehr Wirkung als die Dauerposition des Spielers an der Rampe!

»Was ihr wollt« von W. Shakespeare (1. Akt, 5. Szene).

Narr: *Ich werde Euch, Madonna, jetzt beweisen, daß von uns beiden Ihr der Narr seid.*
Olivia: *Das will ich sehen.*
Narr: *Worum trauerst du, Madonna?*
Olivia: *Um meinen toten Bruder, bester Trottel.*
Narr: *Ich glaube, seine Seele ist in der Hölle, Madonna*
Olivia: *Ich weiß, sie ist im Himmel, Trottel.*
Narr: *Um so mehr seid ihr der Trottel, Madonna, weil: Ihr trauert um eine Seele, die im Himmel ist ...* [1]

Es ist möglich,

... daß der Narr Feste ohne vierte Wand spielt, seine Herrin Olivia aber die vierte Wand in ihrem Spiel beibehält. Damit schließt der Narr den Zuschauer in seine

[1] Übersetzung Thomas Brasch, Insel Taschenbuch

Vorfreude und in seine Genugtuung über seine gelungene Beweisführung ein und macht ihn sozusagen zu seinem Kumpan.

… daß beide Rollenfiguren die vierte Wand beibehalten und somit den Zuschauer nur zum amüsierten Beobachter werden lassen.

… daß beide die vierte Wand öffnen und somit unausgesprochen den Zuschauer zum Schiedsrichter ihres Wortgeplänkels anrufen.

Georg Büchner, »Leonce und Lena«, 1. Akt, 2. Szene:

Leonce: *Mein Herr, was wollen Sie von mir? … Bin ich ein Müßiggänger? Habe ich jetzt keine Beschäftigung?*
– Ja, es ist traurig …

Hofmeister: *Sehr traurig, Eure Hoheit.*

Leonce: *Daß die Wolken schon seit drei Wochen von Westen nach Osten ziehen. Es macht mich ganz melancholisch.*

Hofmeister: *Eine sehr begründete Melancholie.*

Leonce: *Mensch, warum widersprechen Sie mir nicht? Sie haben dringende Geschäfte, nicht wahr? Es ist mir leid, daß ich Sie so lange aufgehalten habe.*
(Der Hofmeister entfernt sich mit einer tiefen Verbeugung.)

Leonce: *… es grassiert ein entsetzlicher Müßiggang …*
(Valerio, etwas betrunken, tritt auf)
Wie der Mensch läuft! Wenn ich nur etwas unter der Sonne wüßte, was mich noch könnte laufen machen.

Valerio: *(stellt sich dicht vor den Prinzen) Ja!*

Leonce: *Richtig!*

Valerio: *Herr, es gibt drei Arten, sein Geld auf menschliche Weise zu verdienen: In der Lotterie gewinnen, erben oder stehlen …*

Leonce: *Du bist mit diesen Prinzipien ziemlich alt geworden.*

Valerio: *Ja, wer sein Geld auf eine andere Weise erwirbt, ist ein Schuft.*

Leonce: *Denn wer arbeitet ist ein Selbstmörder, und ein Selbstmörder ist ein Verbrecher, und ein Verbrecher ist ein Schuft, also, wer arbeitet ist ein Schuft.*

Valerio: *(singt ein Lied)*

Leonce: *Halts Maul mit deinem Lied, man könnte darüber ein Narr werden!*

Valerio: *So wäre man doch etwas! Ein Narr! Ein Narr!*[1]

… Leonce und Valerio spielen beide diese Szene mit vierter Wand. Der Zuschauer wird damit ein Zeuge einer Unterhaltung. Es steht ihm frei, für wen er Sympathie oder Antipathie entwickelt.

… Valerio allein öffnet die vierte Wand und spricht damit Prinz Leonce auf dem Umweg über den Zuschauer an. Leonce bleibt damit der versponnene Einzel- und Müßiggänger, der auf Kosten des einfachen Volkes lebt.

… Beide spielen ohne vierte Wand: Leonce kritisiert oder ironisiert dadurch sein eigenes Verhalten und damit auch seine Stellung als Prinz und Schmarotzer am Volk.

Der Hofmeister muß in seinem Spiel die vierte Wand beibehalten, wenn die Rolle des trotteligen Hofmeisters nicht aufgehoben werden soll. Wendet er sich bei seiner Antwort *»Eine sehr begründete Melancholie«* mit einem langen Blick ans Publikum, kritisiert er auf ironische Weise den Prinzen. Auch seine tiefe Verbeugung bekommt dann eine andere Wertigkeit.

Gotthold Ephraim Lessing, Minna von Barnhelm, 5. Aufzug, 15. Auftritt

Franciska: *(vor sich) Ja gewiß, es ist ein gar zu guter Mann! – So einer kömmt mir nicht wieder vor. – Es muß heraus!*
– Herr Wachtmeister!

Werner : *(der sich die feuchten Augen wischt) Nu?*

Franciska: *Herr Wachtmeister, –*

Werner: *Was will sie denn Frauenzimmerchen?*

Franciska: *Seh er mich doch einmal an, Herr*

[1] Georg Büchner, Leonce und Lena, Hrsg. zur Nedden, Reclam

	Wachtmeister.
Werner:	*Mir ist was in die Augen gekommen.*
Franciska:	*So seh er mich doch an!*
Werner:	*Ich fürchte, ich habe sie schon viel zu lange angesehen, Frauenzimmerchen! – Nu da seh ich sie an! Was gibt's denn?*
Franciska:	*Herr Wachtmeister – braucht er keine Frau Wachtmeisterin?*
Werner:	*Ist das ihr Ernst?*
Franciska:	*Mein völliger!*
Werner:	*Geb sie mir ihre Hand, Frauenzimmerchen! Über zehn Jahr ist sie Frau Generalin oder Witwe!*[1]

... Spielen Franciska und Werner die Szene mit vierter Wand, so wird der Zuschauer Zeuge einer Liebesszene, die eigentlich nicht für fremde Ohren bestimmt sein sollte. Die Schüchternheit Franciskas und die fast rührende Unbeholfenheit des Wachtmeisters Werner wird dadurch verstärkt.

... öffnet Franciska alleine die vierte Wand nur im ersten Teil der Szene und wendet sich anstatt des »vor sich« direkt ans Publikum, so wird sie alle Zuschauer in ihrem Kampf ums Glück zu Helfern haben. Schließt sie dann mit der Anrede an den Wachtmeister die Wand, so wird die Szene wieder an Intimität gewinnen.

... öffnet Franciska allein während der ganzen Szene die vierte Wand und behält sie auch noch während *»seh er mich doch einmal an«* Kontakt zum Zuschauer, wird sie kokett erscheinen und in ihr Spiel unausgesprochen die Tatsache miteinbeziehen, daß sie auch einen der Zuschauer als Mann haben könnte.

... öffnet Wachtmeister Werner die vierte Wand zum Zuschauer und Franciska behält sie bei, so wird er nicht mehr unbeholfen schüchtern wirken. Sein Zögern und Augenwischen wird dann mehr als Trick aufgefaßt werden.

... öffnen beide die vierte Wand, so wird der Eindruck entstehen, daß beide schon längst verliebt sind, aber darauf warten, wer als erster oder erste die Liebe gestehen soll.

[1] Lessing, Minna von Barnhelm, Hrsg. Hildebrand, Ullstein Bücher

8. Die Gesetzmäßigkeiten des Bühnenraumes

Die Gesetzmäßigkeiten des Bühnenraumes sind empirische Regeln, die sich im Laufe von vielen Inszenierungen und Choreographien, aber auch durch das Studium und die Auswertung von Berichten und Bildern über Aufführungen und Spieltechniken der vergangenen Jahrhunderte herauskristallisiert haben.
Selbstverständlich gibt es bei all diesen Regeln kein »richtig« und kein »falsch«; nur das Wissen um die Wirkung ist entscheidend.

Die Gerade und die Diagonale im Bühnenraum oder »es ist nicht egal, durch welche Tür der Bote eintritt ...«

Wenn wir uns einen Bühnenraum vorstellen, der durch eine tatsächliche oder auch nur gedachte Rampe vom Zuschauerraum getrennt ist, so entsteht eine annähernd rechteckige Spielfläche.
Alle Linien, die parallel oder im rechten Winkel zur Rampe verlaufen, sind die statischen Linien des Bühnenraums.
Alle Diagonalen und die zu ihnen parallel verlaufenden Linien haben dynamischen Charakter.
Einige einfache Beispiele sollen diese Regeln erläutern:

DAS WARTEN AUF DER BÜHNE
Soll eine Spielerin oder ein Spieler »Warten« darstellen, so ist dies oft ein schwieriges Unterfangen, da ja bei einer derartigen Aktion *nichts* geschieht. Um die Spannung im Publikum zu erhalten – denn nicht der Zuschauer, sondern der Schauspieler soll auf das weitere Geschehen warten –, muß der Gang des Wartens **statisch** angelegt werden: Der Spieler geht parallel zur Rampe.
Wendet er nur einen Blick in die Diagonale der Bühne,

Statische Linien im Raum

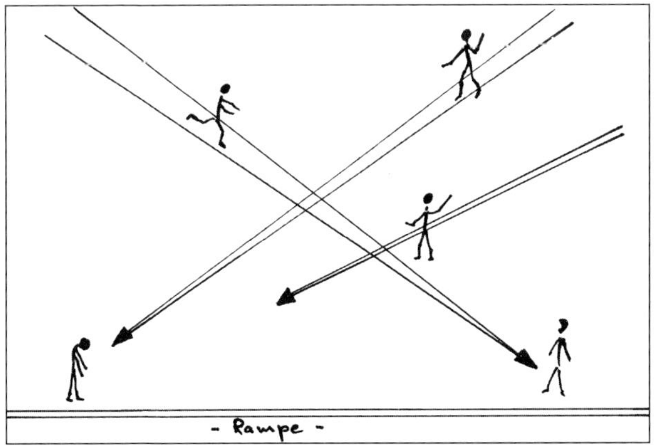

Dynamische Linien im Raum

wird sein Warten ein Erwarten; geht er körperlich in die Diagonale, wird aus dem Warten ein Suchen. Beispiel: Ein Gardesoldat oder ein Wächter patrouilliert vor dem Eingang eines Palastes. Er verdeutlicht den Selbstzweck des Auf- und Abgehens durch einen verzögerten, betonten Marschschritt und durch kunstvolle Drehungen und Hantierungen mit seiner Waffe ...
Sollte dieser Soldat dabei seinen Blick immer wieder in die Diagonale wenden oder gar im Zickzack marschieren, so würde dies – unabsichtlich oder gewollt – Komik entstehen lassen.

Sollte aber nun in dieser Szene ein Bombenattentat erwartet werden, würde das militärische Auf- und Abschreiten ebenso komisch und läppisch wirken.
Hat der Soldat in dieser Szene die Information des Attentats nicht, sondern nur der Zuschauer, so wird das »statische« Marschieren parallel zur Rampe die Spannung erhöhen und der Zuschauer möchte dem Wächter zurufen, daß er doch sein Paradieren sein lassen und lieber die Bombe entschärfen solle.
Alfred Hitchcock nennt diese Technik der Spannungserhöhung »suspense«:
Als Beispiel beschreibt er eine Szene, in der zwei Menschen am Tisch sitzen und eine banale Unterhaltung führen. Explodiert nun ohne Vorankündigung plötzlich eine Bombe, so werden wir erschrecken, entsetzt sein, aber keine Spannung verspüren. Wir sind nur überrascht.
Weiß der Zuschauer aber von der Bombe, so wird jedes Wort des banalen Gesprächs, wird die statische Sitzordnung die Spannung erhöhen.

DIE FEIERLICHKEIT

Die Parallele zur Rampe und der rechte Winkel beim Gehen wirken nicht nur statisch, sondern können auch eine gewisse Feierlichkeit, z.B. bei einer Zeremonie, ausstrahlen.
Diesen Umstand kennen wir im Alltag bei feierlichen Einzügen in Kirchen oder sonstigen festlichen Versammlungsräumen.
Der berühmte »rote Teppich« zeigt bei Staatsempfängen oft den »richtigen, rechten« Weg!
Auch hier kann wieder Komik oder Tragik erzeugt werden, wenn der von der Stimmung oder der Atmosphäre geforderte Weg nicht eingehalten wird.
Charly Chaplin macht sich in seinem Film »Der große Diktator« über den Kult des im rechten Winkel liegenden Empfangsteppich lustig, indem er den Zug des Staatsgastes daran vorbeifahren läßt.

DIE DIAGONALE ERZEUGT DYNAMIK

Ein Bote, der Sieg oder Niederlage meldet, sollte immer in der Diagonale des Raumes eintreten!
Nun ist noch festzustellen, daß der diagonale Weg vom Hintergrund der Bühne in Richtung zur Rampe »mächtiger« und »bedeutungsvoller« wirkt als die gleiche Strecke von der Rampe zur Rückwand der Bühne.
Man wird also beim Entwurf einer Choreographie den Mächtigen immer von hinten nach vorne gehen lassen.
Beispiel: Chef und Angestellter auf der Bühne. Der Angestellte entschuldigt sich, daß er zu spät zum Dienst gekommen ist. Der Chef weist ihn zurecht.
Der Chef wird den »Anpfiff« wirkungsvoller gestalten und der Angestellte schuldbewußter antworten können, wenn der Chef »hinten« und der Angestellte an der Rampe steht – teilweise mit dem Rücken zum Zuschauer.
Wollen aber Regisseur und Schauspieler den Angestellten trotz seines schuldhaften Verhaltens als Sieger aus diesem Dialog hervorgehen lassen, so muß dieser von Anfang an auf der mächtigeren Position stehen oder sie sich im Laufe des Dialogs erobern. Sollte aus dieser versuchten Eroberung des besseren Platzes eine Art Zweikampf zwischen Chef und Angestelltem werden, so steigert sich damit die Komik dieser Szene. Gleichzeitig wird dem Zuschauer nicht nur verbal, sondern auch bildhaft der Kampf um den Platz an der Sonne vorgeführt.
Natürlich sind bei all diesen Gängen die Darstellung des Körperschwerpunktes und der Emotion von großer Bedeutung, denn ein dem Gang entgegengesetzter Schwerpunkt kann diesen mildern oder sogar ins Gegenteil verkehren. Es gibt eine Vielzahl von Variationen, die man ausprobieren sollte, bis der stimmige Gang und der dazugehörende Schwerpunkt in der jeweiligen Emotion gefunden ist!

Ein Diener meldet seinem Herrn, daß es im Hause brennt.

1. Der Diener läuft in der Diagonale von hinten zu seinem an der Rampe stehenden Herrn, im hektischen Schwerpunkt des *Feuers*, die Emotion vom Entsetzen weit geöffnet ...
2. Er läuft in der Diagonale von hinten zu seinem Herrn, schwebt aber dabei im Schwerpunkt *Luft* und behält seine Emotion »für sich« ...
3. Der Herr steht an der Rampe. Der Diener nähert sich ihm im pedantisch abgezirkelten Gang, zuerst parallel zur Seitenwand nach vorne, dann parallel zur Rampe. Körperschwerpunkt und Emotion sind die eines typischen englischen Butlers ...
4. Wieder geht der Diener auf dem »statischen«, rechtwinkeligen Weg zum Herrn. Dabei vergrößert er den Gang durch zusätzliche Winkel – fröhlich hüpfend – im Schwerpunkt der *Lebensfreude* das Feuer meldend ...

DER DYNAMISCHE UND STATISCHE MITTELPUNKT IM RAUM

Durch die Wirkung der dynamischen und statischen Linien und durch ihre Korrespondenz zueinander, entstehen auch entsprechende »Mittelpunkte« im Raum der Bühne:

Der statische Mittelpunkt eines Raumes befindet sich ungefähr auf dem Schnittpunkt der beiden Raumdiagonalen. In diesem Punkt vereinigen und enden alle Linien – auch die der Aufmerksamkeit des Zuschauers. Wer in diesem Bereich der Bühne steht, zieht die Aufmerksamkeit auf sich, wirkt aber selbst statisch.

Es ist der Platz für Regierungserklärungen, um »ex cathedra« (= vom Lehrpult aus) zu sprechen.

Die dynamischen Mittelpunkte der Bühne befinden sich etwa im »Goldenen Schnitt« (= Verhältnis 2:1) links und rechts an der Rampe. Hier sind die Punkte, von denen man am besten auf das Publikum ausstrahlen kann. Von hier aus kann man am schnellsten Kontakt zum Publikum aufnehmen.

Von diesen Punkten aus läßt sich die Rampe am leichtesten zum Zuschauerraum hin überschreiten und die vierte Wand öffnen.

Auch im Alltag sind diese Gesetzmäßigkeiten zu beobachten:Früher stand im Klassenzimmer das Lehrerpult erhöht und im Mittelpunkt, während heutzutage das Pult etwa im dynamischen Mittelpunkt der »Klassenzimmerbühne« steht. Ebenso war die Kanzel in einer Kirche stets im Goldenen Schnittpunkt des Kirchenschiffes angebracht.

Diese »statischen und dynamischen Mittelpunkte« sollen nun am Beispiel eines Sprechers erläutert werden:

In »Antigone« von Anouilh wendet sich zwischen und

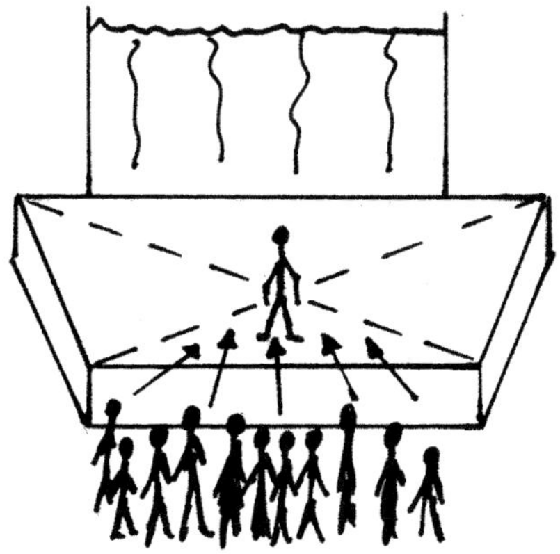

Der statische Mittelpunkt

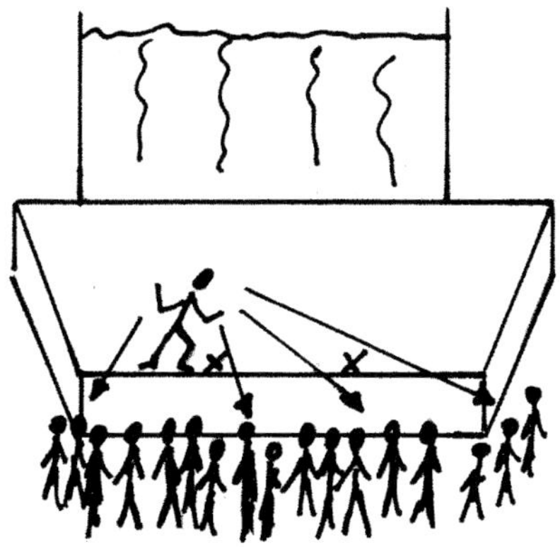

Die dynamischen Mittelpunkte

während der Spielszenen ein Sprecher an das Publikum:
... Betritt er auf dem feierlichen Weg die Bühne und spricht vom statischen Mittelpunkt aus, so wird er unnahbar wirken ...
... Geht er vom Bühnenhintergrund in der Diagonale auf einen dynamischen Punkt an der Rampe und spricht von dort, so wird er sich fast kumpelhaft an die Zuschauer wenden können ...
All diese Gesetzmäßigkeiten treffen aber nicht im Kreis zu, in der Zirkusmanege, in der Zentralbühne mit rundumsitzendem Publikum.
Im Kreis gibt es eben kein Vorne und Hinten, keine mächtigere oder schwächere Position, keine statischen oder dynamischen Wege. Alle Bewegungen zielen entweder auf den Mittelpunkt oder beschreiben konzentrische Kreise. Dies beweisen wieder Beispiele aus dem Alltagsgeschehen, wo sich Politiker am »runden Tisch« treffen, auch wenn dieser vielleicht tatsächlich viereckige Ausmaße hat.
Abschließend sei noch einmal betont, daß es bei diesen gedachten Linien im Raum keine Regeln geben darf, die »falsche« und »richtige« Wege bestimmen.
Regisseur und die Darsteller sollten bei der Erarbeitung einer Szene möglichst viele Variationen ausprobieren, um dann zur stimmigen, dem Stück und der Szene entsprechenden Raumaufteilung zu kommen.

Abstand erzeugt Spannung – oder »Sag mir das doch nicht vor allen Leuten« ...

Die Tatsache, daß jede Aktion und jeder Dialog durch räumlichen Abstand sozusagen vergrößert wird, wissen wir aus dem alltäglichen Leben:
... Man setzt sich nicht auf den Schreibtisch des Chefs, sondern hält den gebührenden Abstand ein.
... Eine Schimpftirade quer über die Straße wirkt stärker und beleidigender als wenn man dieselben Worte dem anderen ins Ohr flüstert.
Auch die Theatermacher der vergangenen Jahrhunderte wußten dies und machten sich diese Tatsache zunutze: Die berühmte Balkonszene aus » Romeo und Julia« erhält ihre Spannung aus der Tatsache, daß Julia fast unerreichbar auf dem Balkon steht und Romeo bemüht ist, in ihre Nähe zu kommen.
Zwei elementare Übungen sollen das gegenseitige Verhältnis von Abstand und Spannung körperlich erfahrbar machen:
1. Zwei Menschen umarmen sich zum Abschied und gehen auseinander, ohne sich umzusehen.
Nun vergrößern wir den Abstand ihres Kontakts: Sie lösen die Umarmung, indem sie sich noch eine Zeitlang an den Händen, dann nur noch an den Fingerspitzen der ausgestreckten Arme berühren. Aus der Berührung entsteht ein Winken, die beiden bleiben so lange als möglich im Augenkontakt, während sie auseinandergehen ... ein herzzerreißender Abschied.
In vielen Filmszenen steht die Frau am Bahnsteig und hält die Hände des geliebten Mannes fest, der sich aus dem Abteilfenster lehnt. Dann fährt der Zug ab, die Frau läuft noch eine Zeitlang mit dem abfahrenden Zug mit, sie winkt, der Abstand wird größer und größer und der Zug entschwindet am Horizont ...
2. Ein Spieler führt einen anderen auf der Bühne auf und ab: Zuerst eng umschlungen, dann Händchen haltend, schließlich am ausgestreckten Arm.
Nun wird der körperliche Kontakt durch einen dinglichen Kontakt ersetzt; er dirigiert ihn über eine Leine oder einen Stock. Jetzt vergrößern wir auch hier den Abstand. Mit vorgehaltener »Waffe« – nur durch Blick oder Zuruf – wird nun der Partner geführt, bis endlich der Führende auf seinem Platz bleibt und der Geführte alleine läuft ...
Bei der Erarbeitung von Szenen sollten Regie und Schauspieler ausprobieren, wie groß der stimmige Abstand bei den Dialogpartnern sein kann, denn jede Szene erfordert ihren »eigenen« Abstand; man kann den Abstand auch »überspannen«!

Der Intimkreis des Menschen – oder » komm mir bitte nicht zu nahe« …

»Was muß ich da tun?« sagte der kleine Prinz.
»Du mußt sehr geduldig sein«, antwortete der Fuchs. »Du setzt dich zuerst ein wenig abseits von mir ins Gras. Ich werde dich so verstohlen, so aus den Augenwinkeln anschauen, und du wirst nichts sagen. Die Sprache ist die Quelle der Mißverständnisse. Aber jeden Tag wirst du dich ein bißchen näher setzen können … «[1]

Jeder Mensch baut um sich herum eine »Schutzzone« auf, die je nach Region oder Gesellschaft größer oder kleiner ist, und versucht diese auch zu verteidigen. In Mitteleuropa mißt dieser Intimkreis etwa eine halbe Armlänge Abstand. Wir begrüßen uns mit Handschlag in etwa diesem Abstand, unterhalten uns mit anderen in dieser Distanz und empfinden es als unangenehm, wenn ein Mitmensch »uns zu nahe tritt«. Dies zeigt sich besonders in der Enge einer Aufzugskabine. Dort versuchen wir den fehlenden körperlichen Abstand wenigstens mit der Vermeidung jeglichen Blickkontakts aufrechtzuerhalten.

Diese Tatsache kann auf der Bühne bei der Erarbeitung von Szenen äußerst hilfreich sein, bildhaft und »augenscheinlich« die Wertigkeit und die Quantität des Kontaktes zwischen Personen darzustellen:

Wenn ein Mensch einen anderen, z. B. zur Begrüßung umarmen will, breitet er genau an der Grenze des Intimkreises des anderen seine Arme aus und öffnet seine Emotion – meist mit einem Lächeln. Er zeigt also sozusagen seine Absicht vor dem Eindringen in den Intimkreis des Mitmenschen.

- Gibt man an der Grenze des Intimkreises seine Absicht nicht kund, akzeptiert man diesen also nicht, so wird die Begrüßung – positiv ausgedrückt – eine »stürmische« (im Sinne des Wortes) Umarmung, negativ ausgedrückt »ein Überfall«.

[1] Der Kleine Prinz, Saint-Exupéry, Rauch Verlag

– Akzeptiert der Begrüßende die Grenze des Intimkreises, so kann der Begrüßte nun reagieren und die Form der Begrüßung bestimmen. Wenn er seinerseits die Arme zur Umarmung öffnet, wird diese harmonisch sein. Will er nicht umarmt werden, kann er die »drohende« Umarmung noch in einen Handschlag abändern oder zurückweichen und damit den ursprünglichen Abstand wiederherstellen.

– Geht man feindlich gesinnt auf einen anderen zu und demonstriert damit augenscheinlich, daß man sich mächtig oder stark genug fühlt, den Intimkreis des anderen zu negieren, so betritt oder »besetzt« man im Sinne des Wortes fremdes Territorium. Dadurch treibt man den anderen in die Flucht und zum Zurückweichen oder reizt ihn zum Widerstand.

– Kinder kennen zunächst in ihrem Urvertrauen keinen Intimkreis. Sie lehnen sich an den Erwachsenen an und dulden auch ihrerseits die Nähe. Erst wenn eine ungeliebte Tante unbedingt »Küßchen« geben will, bestehen sie auf ihren Intimkreis und sträuben sich.

– Ebenso ist bei Betrunkenen das Gefühl für Nähe und Abstand beeinträchtigt oder aufgehoben. Wenn sich ein Betrunkener lallend an unsere Schulter lehnt, empfinden wir oft die ungewünschte Nähe störender als seine Alkoholfahne.

– Befehlsgewohnte Menschen, die nur »Untertanen« kennen, haben ihren eigenen Intimkreis durch die »Aura des Herrschers« vergrößert: Man weicht vor ihnen zurück oder hält gebührenden Abstand. Andererseits dulden wir es als ein Zeichen ihres Wohlwollens, wenn dieser mächtige Mensch einem anderen die Wange tätschelt oder segnend die Hand auf den Kopf legt.

– Geht eine Person auf eine Gruppe von Menschen zu, so können die Beziehungen dieser Rollenfigur zu den einzelnen Personen der Gruppe sehr bildhaft und schlüssig dargestellt werden, indem bei der Begrüßung die gesamte Skala von inniger Umarmung bis zum distanzierendem Winken, ja bis zum »Übersehen«, praktiziert wird.

– Ebenso kann der Wandel der Beziehung zweier Personen zueinander in einer Geschichte durch die klare Darstellung des Intimkreises verdeutlicht werden: Zuerst ein Flirt auf »doppeltem Abstand«, dann ein langsames Sich-Annähern und schließlich ein vertrautes Miteinander.
– In ebensolcher Weise kann der offizielle und der private Umgang zweier Rollenfiguren miteinander auf diese Weise deutlich ausgestellt werden, wenn z. B. in Schillers » Maria Stuart« Königin Elisabeth bei offiziellen Anlässen zu Lord Leicester Abstand wahrt, in Szenen mit ihm allein aber seine Nähe sucht.

9. Der Aufbau einer Rollenfigur

Rollenfiguren sind gemalte Fensterscheiben …

Goethe hat uns mit einem Gedicht eine wunderbare »Gebrauchsanweisung« für den Umgang mit Poesie und Literatur gegeben:

Gedichte sind gemalte Fensterscheiben!
Sieht man vom Markt in die Kirche hinein
Da ist alles dunkel und düster.
Und so sieht's auch der Herr Philister:
Der mag denn wohl verdrießlich sein
Und lebenslang verdrießlich bleiben.

Kommt aber nur einmal herein!
Begrüßt die heilige Kapelle!
Da ist's auf einmal farbig helle:
Geschicht' und Zierat glänzt in Schnelle,
Bedeutend wirkt ein edler Schein.
Dies wird euch Kindern Gottes taugen,
Erbaut euch und ergötzt die Augen![1]

Auch Rollenfiguren sind gemalte Fensterscheiben!
Es genügt nicht, den Text und die Bewegungsabläufe einer Rollenfigur **»auswendig«** zu können.
Das Körpertheater kennt nicht den Begriff »eine Rolle anlegen«. Ein Gartenbeet kann man anlegen oder Geld auf der Bank, aber eine Rollenfigur muß **»inwendig«** wachsen, damit sie zu leuchten beginnt und ständig zur Verfügung steht, wenn man sich in sie hineinbegeben hat. Um im Bild der Fensterscheiben zu bleiben, ist die Rollenfigur auch keine Statue, die irgendwann fertig modelliert ist und dann nur noch Patina ansetzen kann, sondern ein Mosaik aus vielen kleinen Teilen, das »je nach Sonneneinfall« immer wieder verschieden aufleuchten kann, obwohl sie fest im »Bleirahmen« verankert ist.

[1] Zitiert aus Goethes Werke, Bd. 1, Standard Verlag

Die nun folgende Aufstellung soll nun die »Mosaikteile« bei der Erarbeitung einer Rollenfigur beschreiben, die natürlich verschieden gewertet werden können.
Sie sollte nicht als »Checkliste«, sondern als Hilfestellung zum Aufbau einer Rollenfigur im Körpertheater verstanden werden.

Die Charaktere des Theophrast

Theophrast, ein Schüler von Platon und Aristoteles, lebte von 372 v.Chr. bis 287 v. Chr. und hat uns ein Buch mit dem Titel **»Charaktere«** hinterlassen – eine Sammlung von herrlichen Beschreibungen seiner Zeitgenossen [1]. Ich möchte nun einige seiner »Charaktere« – die schauspieltechnisch oft nur »Typen« sind – als Übungsmaterial zum Aufbau einer Rolle anbieten.
Wir bauen – wie in einem Baukasten – die Figur aus den verschiedenen Körperschwerpunkten und Emotionen und lassen dann die Figuren in kurzen Improvisationsszenen aufeinander treffen. Theophrast läßt seine Charaktere in verschiedenen Situationen agieren, die bereits Vorlage für die Szenen sein können.
Die nun folgenden Typen- und Charakterzeichnungen können auch als Trainingsmaterial und als »zusätzlicher Baustein« zur Gestaltung von Rollen in Theaterstücken herangezogen werden.

DER SCHMEICHLER
Unter Schmeichelei versteht man wohl ein schändliches Benehmen, das dem Schmeichler nützt. Der Schmeichler aber ist einer, der einen anderen begleitet und zu ihm sagt: »Merkst du, wie die Leute auf dich schauen?« Und wenn ***»er«*** *etwas sagt, befiehlt er den andern zu schweigen, er bemerkt »richtig!«, wenn* ***»er«*** *geendet hat, und lacht über einen frostigen Scherz und preßt den Mantel in den Mund, als könne er sich vor Lachen nicht halten.*

[1] Theophrast, Charaktere; Reclam; Übersetzung Dietrich Klose

Die Körperschwerpunkte in der Rollengestaltung »Die Seele der Bewegung«

Körperschwerpunkte, die Schauspieler und Regie vom Text über die Figur erfahren.

(z. B. erfordert der Dickwanst-Falstaff nicht nur einen Bauch aus Kissen, sondern den Schwerpunkt SÄTTIGUNG.)

Körperschwerpunkte, die Schauspieler und Regie durch die Inszenierung in die Figur einbringen.

(z .B. soll Romeo in der Inszenierung mehr ein Halbstarker oder mehr ein elegisch Verliebter sein?

CHARAKTER ODER TYP DER ROLLENFIGUR

Hilfestellungen:
Elemente des Empedokles in all ihren Abwandlungen (z. B. ERDE).

Typenfiguren nach dem Beispiel der Commedia dell'arte[1] oder des Theophrast [2] (z. B. PANTALONE oder DER NÖRGLER) – auch bei der Erarbeitung von Charakteren.

Körperschwerpunkte von Tieren (z.B. PFAU).

Einbringen von gesellschaftstypischen Verhaltensnormen (z. B. Begrüßung durch Verneigung, Handschlag oder Winken).

Beobachtung von Mitmenschen im Alltag, teilweise Übernahme von Typisierungen aus Filmen und Werbung.

[1] Genaue Beschreibung der Commedia-Typen in: Körpertheater und Commedia dell'arte; Werner Müller, Pfeiffer Verlag
[2] Beschreibung im derzeitigen Abschnitt

Die Darstellung der Emotion in der Rollengestaltung »Die Blickrichtung der Seele«

Emotionen der Rollenfigur, die durch den Text und Regieanweisungen vorgegeben sind.

Beispiel aus Woyzeck:
»Woyzeck, er ersticht mich mit seinen Augen!«
Marie (verschüchtert):
»Was hast, Franz?«

Emotionen, die Schauspieler und Regie durch die Inszenierung in die Figur einbringen.

Die Darstellung der Emotion kann in der Inszenierung gegen die Regieanweisungen des Dichters, aber nie gegen den Text gerichtet sein!

DER ROLLENFIGUR

Hilfestellungen:
Einfache Übungen mit dem »Gefühlsballon« (Emotion »geöffnet« oder »geschlossen«)

Erarbeitung der emotionalen Stimmung der Szene. Steht sie im Gegensatz zur Emotion der Figur oder deckt sie sich?

Übungen zu KONTAKT und NONKONTAKT

Öffnen oder Schließen der vierten Wand. (Hält die Figur Kontakt zum Publikum ?)

Übungen zu »Blick – Atem – Neigung«.

Übungen zum »gemeinsamen« und »gleichzeitigen« Spiel auf der Bühne.

Bei Tisch lobt er als erster den Wein und sagt ständig: »Wie köstlich es bei dir schmeckt!«
Bei jeder Gelegenheit flüstert er ***»ihm«*** *ins Ohr und er blickt zu* ***»ihm«*** *hin, wenn er sich mit andern unterhält …*
Sein Schwerpunkt ist das *Wasser*. Er umfließt und umschmeichelt den berühmten Mann.
Die Figur ist getragen von wechselnden Schwerpunkten:
Er ist im »Normalzustand« *Schwäche*, sobald ihn aber der Blick des verehrten mächtigen Mannes trifft, blüht er zur *Stärke* auf …
Er ist ruhig und unscheinbar, bis er in die Nähe des verehrten Mannes kommt, dann durchströmt ihn »*Feuer*« und er brennt vor Begeisterung …
Er verströmt **seine Emotion weit geöffnet** in Richtung des Verehrten, **verschließt sie aber mißgünstig und geizig gegen die anderen**, die sich auch in der Gunst des Berühmten sonnen wollen …
Er fühlt sich als Mond, der sein gesamtes Licht von der Sonne des Verehrten erhält und erst in seiner Gegenwart zu leuchten beginnt …
Er hat den Schwerpunkt eines *Hundes* oder eines *Schakals*, der »ihm« gegenüber kuscht und Speichel leckt, andere aber anknurrt …
Mögliche Szenen:
– Der Schmeichler trifft seinen Gönner allein …
– Der Schmeichler trifft seinen Gönner im Beisein anderer …
– In einer Jugendbande wird über die nächste Aktion gesprochen. Der Schmeichler unterstützt den Bandenchef bedingungslos, prügelt dann aber einen anderen, der in der Hackordnung unter ihm steht …
– Lehrerkonferenz in einer Schule. Der Schmeichler kündigt den Direktor an, setzt sich in seine Nähe und zeigt vorauseilenden Gehorsam …
– Ein Schauspieler sitzt zusammen mit anderen in einer Kneipe. Er hofiert einen Theaterkritiker in unerträglicher Weise und findet sogar das wunderbar und geistreich, was der Kritiker selbst gerne anders geschrieben hätte …

DER ÜBERHEBLICHE UND GEFALLSÜCHTIGE

Der Gefallsüchtige aber ist einer, der von weitem grüßt und jedermann» Bester« nennt.
Überaus häufig geht er zum Friseur, hält seine Zähne weiß, wechselt seinen Mantel, so daß er immer sauber aussieht und schmiert sich mit Salben ein.
Hat er jemandem etwas Gutes getan, so sagt er ihm, er solle es nicht vergessen.
Sein grundsätzlicher Körperschwerpunkt ist die *Luft*, die bis zur *Überheblichkeit* »aufblüht«. Seine Eitelkeit und sein Stolz beziehen ihre Motivation von außen. Er ist sozusagen ein aufgeblasener Typ.
Seine **Emotion ist stets nach außen gewendet** mit der permanenten Frage: »Bin ich nicht schön?«.
Seine Aufmerksamkeitspunkte sind die von Theophrast beschriebenen schönen Haare, seine weißen Zähne usw.
Sein »animalischer« Schwerpunkt ist ein Pfau, der sein Rad schlägt und umherstolziert.
Mögliche Szenen:
– Eine Überhebliche flaniert im Foyer während der großen Pause in der Oper und trifft verschiedene Leute, bzw. spricht sie an …
– Der Überhebliche ist tatsächlich ein Star, aber sein Ruhm ist ihm zu Kopfe gestiegen … Nun kann man zusätzlich in zwei kurz aufeinander folgenden Szenen ***Traum*** (man küßt ihm die Füße, erbettelt Autogramme, prügelt sich um sein Lächeln) und ***Wirklichkeit*** (ein einziger Mensch wartet am Bühnenausgang, und der will schon längst fällige Schulden eintreiben) darstellen …
– Der Capitano aus der Commedia dell'arte erzählt von seinen Heldentaten …
– Gustav Gans, der bekannte Glückspilz und Angeber aus Entenhausen lädt seine Freundin zur Spazierfahrt ein …

Der Überhebliche

– Am Stammtisch sitzt eine Ansammlung von Machos, von denen jeder »überheblich« wird, wenn es um Erfolge bei Frauen geht …

DER SCHWÄTZER

Wenn einer die Geschwätzigkeit definieren wollte, erschiene sie wohl als Unmäßigkeit im Reden. Der Schwätzer aber ist einer, der jeden, den er gerade antrifft, anredet, und wenn dieser ihm etwas erwidert, sagt er, das sei nichts, und er wisse alles. Wenn er zu Gericht sitzt, behindert er die Rechtsprechung, als Mitzuschauer das Zuschauen, als Essensgast, das Speisen.

Sein Körperschwerpunkt ist das *Feuer*. Dazu kommen *Sättigung, Trägheit* und *Lässigkeit*. Er weiß alles und verkündet dies auch im »Brustton der Überzeugung«. Seine **Emotion ist im Wechsel nach außen gerichtet**, ob sein Publikum auch bereit ist, ihm zuzuhören, gleichzeitig hört er sich selbst als sein aufmerksamster Zuhörer zu und strahlt über jede gute Formulierung, die er bestimmt irgendwo gelesen hat.

Sein Körperschwerpunkt ist der eines *Raben* oder eines *Papageis*.

Er plustert sich auf und schlägt mit seinen Flügeln …

Mögliche Szenen:

– Der Schwätzer erklärt beim Essen zwei Freunden die Probleme der Umweltverschmutzung und der Verseuchung der Nahrungsmittel …

– Einige Leute stehen nach einer Theateraufführung beisammen und reden über das Stück. Ein Student der Theaterwissenschaft kommt hinzu und erklärt ihnen die Inszenierung, obwohl er überhaupt nicht im Theater war …

– Dottore Baloardo aus der Commedia dell'arte, der berüchtigte Vielschwätzer, erklärt einem Passanten den Weg und kommt dabei »vom Hundertsten ins Tausendste« …

– Der venezianische Kaufmann Pantalone aus der Commedia dell'arte erzählt einem Geschäftsfreund von seinen derzeitigen Krankheiten, von seiner unglücklichen Liebe vor 36 Jahren und von den unumstößlichen Prinzipien eines Kaufmannes …

– Donald Duck erklärt seinen Neffen, welch wunderbaren Job er ergattert habe und wie schön nun das Leben sein wird …

– Der Schwätzer erklärt auf der Tribüne während eines Fußballspieles den Umstehenden die wichtigsten Techniken des Skispringens …

– Eine Schwätzerin erzählt bei einem Krankenbesuch dem Frischoperierten von gelungenen und auch mißlungenen Operationen und von möglichen ärztlichen Kunstfehlern …

DER UNVERSCHÄMTE

Die Unverschämtheit ist der Definition nach die Verachtung des guten Rufes um des schnöden Gewinns willen. Der Unverschämte aber ist einer, der zuerst zu dem geht, den er geprellt hat, um sich etwas zu borgen.

Beim Fleischeinkauf erinnert er den Metzger, wenn er ihm einmal einen Gefallen erwiesen hat. Er stellt sich neben die Waage und wirft meist noch ein Stück Fleisch oder wenigstens einen Knochen für die Suppe dazu und macht sich lachend davon.

Er pflegt auch zu den Wasserkesseln im öffentlichen Bade zu gehen und sich zu begießen, ohne zu bezahlen. Zum Protestgeschrei des Bademeisters sagt er dann: »Du schimpfst? Du bekommst kein Trinkgeld!«

Sein Körperschwerpunkt ist die *Stärke*. Er gleicht einem ungeschlachten *Stier*, der mit gesenktem Kopf auf sein Ziel losgeht. Seine Bewegungen sind von den ausgestellten Ellbogen bestimmt, immer bereit, andere beiseite zu schieben.

Seine **Emotion ist auf seinen Vorteil gerichtet**. Wenn ein anderer aufgrund seines massiven Auftretens zurückweicht, grinst er in sich hinein oder pfeift sich ganz einfach ein Lied.

Sein Blickkontakt ist sehr direkt. Er nimmt sein Gegenüber mit den Blicken sozusagen »auf die Hörner«. Wird er aber ertappt, ist er ein Meister des Nonkontakts.

Der Schwätzer

Der Unverschämte

Mögliche Szenen:
– Der Unverschämte kauft beim Metzger ein, er befingert die Wurstwaren, beißt ein Stückchen als Probe von der Wurst ab und redet laut von möglichen Salmonellen …
– Eine Unverschämte tauscht bereits wochenlang getragene Schuhe um und beschuldigt die Verkäuferin, ihr »Mist« verkauft zu haben …
– Ein Unverschämter ißt im Restaurant mit Behagen eine große Portion Salat und legt dann auf die letzten Blättchen in der Schüssel ein eigenes Haar. Dann ruft er den Ober, verweigert die Bezahlung und schimpft laut über die unsaubere Küche …

DER KLEINLICHE UND KNAUSRIGE

Kleinlichkeit und Knausrigkeit ist eine übermäßige Sparsamkeit in allem, was mit Hab und Gut zusammenhängt. Der Kleinliche aber ist einer, der billig einkauft und behauptet, es sei noch zu teuer.
Wenn er Kameraden bewirtet, schneidet er das Fleisch in kleine Stückchen, bevor er es vorsetzt.
Kommt man auf freiwillige Abgaben des Volkes zu sprechen, steht er auf und verläßt schweigend die Versammlung.
Sein Körperschwerpunkt ist der *Geiz* und die *Mißgunst.* Sein mißbilligender Blick zieht das Kinn in die Richtung der Person, die etwas von ihm haben will. Gleichzeitig wölben sich Schultern und Brustkorb, ja der gesamte Rumpf, bewahrend und beschützend um sein Eigentum. **Die Emotion ist fast immer geschlossen**, selbst mit dem Atem geht er sparsam um.
Er gleicht dem *Hamster,* der mit vollen Backen gierig nach Nahrung ausschaut und dem *Hund* oder *Schakal,* der knurrend seinen Knochen verteidigt.
Mögliche Szenen:
– Die geizige Gastgeberin legt ihren Gästen winzige Stückchen Kuchen vor und stellt dabei fest, daß der Kuchen so gehaltvoll sei, daß man nur ein Stück davon essen könne …
– Ein Beamter zahlt am Sozialamt einen Zuschuß aus. Dieser Vorgang bereitet ihm körperliche Schmerzen, als ob es sein eigenes Geld wäre …
– Der venezianische Kaufmann Pantalone aus der Commedia dell'arte zählt sein Geld und stellt fest, daß er demnächst verhungern wird. Die gleichen Sätze wird auch Dagobert Duck aus Entenhausen im Munde führen …
– Der berühmte schottische Geizhals öffnet das Fenster, wenn sein Gast ihn um eine kleine Erfrischung bittet …

DER FLEGEL

Es ist nicht schwer, die Flegelei zu definieren, sie ist ein auffälliges, anstößiges Scherzen.
Der Flegel aber ist einer, der im Theater klatscht, wenn die anderen aufhören. Und wenn das Theater still ist, richtet er sich auf und rülpst, damit sich die Zuschauer nach ihm umdrehen.
Sieht er jemanden irgendwo hineilen, hält er ihn auf. Er nennt jemanden mit Namen, kennt ihn aber nicht.
Sein Körperschwerpunkt ist bestimmt von der *Trägheit.* Ganz bewußt »reißt er sich nicht zusammen«. Immer wenn andere Leute Haltung beweisen, zeigt er, daß es auch ohne gehen kann. Ein weiterer Schwerpunkt ist die *Sättigung*, die er zelebriert, wenn andere aufmerksam sind. Eventuell kann als weiterer Schwerpunkt die *Begehrlichkeit* hinzukommen, die in Verbindung mit der Erde zotige Bemerkungen ermöglicht.
Seine Emotion ist stets offen, er »stülpt« sie sozusagen seinem Gesprächspartner über. Auch sich selbst gegenüber ist seine Emotion weit geöffnet, da ihm jegliche Selbstkritik unbekannt ist.
Er gleicht im Bewegungs- und Körperschwerpunkt einem *Affen,* der sich ungeniert laust und das Ergebnis seiner Jagd auch noch in aller Öffentlichkeit auffrißt.
Mögliche Szenen:
– In Nachahmung des von Theophrast beschriebenen »Theaterflegels«, sitzt der Flegel im Kino, knabbert, knistert und gibt seine Emotionen lauthals und bedenkenlos an seine Nachbarn weiter …

Der Knausrige

– Auf einer vornehmen Party taxiert der Flegel im Gespräch ungeniert die Vorzüge und Nachteile der anwesenden Damen.
– In einem Feinschmeckerlokal verlangt er – quer durch den Raum – nach Ketchup für sein »Cordon bourgignon vom Rebhuhn an Sößchen von Kerbelvinaigrette«.
– Der weibliche Flegel versucht im Urlaub mit Hilfe des Wörterbuchs dem griechischen Wirt klarzumachen, daß es in Griechenland allgemein sehr schmutzig sei und daß man in Deutschland vom Fußboden essen könnte.

DER UNGELEGENE

Die Ungelegenheit ist ein zeitliches Zusammentreffen, das für die Betroffenen peinlich ist. Der Ungelegene aber ist einer, der zu einem geht, der keine Zeit hat, um sich beraten zu lassen.
Seiner Geliebten macht er den Hof, wenn sie Fieber hat. Zur Hochzeit eingeladen, klagt er das weibliche Geschlecht an und schimpft über die Weiber. Wenn jemand zugehört und verstanden hat, steht er auf und erklärt es wieder von vorn.
Als Teilnehmer bei einem Schiedsgericht bringt er die beiden gegeneinander auf, während sie sich schon versöhnen wollen.
Sein Körperschwerpunkt ist das alles verzehrende *Feuer*. Seine Bewegungen sind hektisch, da er seine Meinung und seine Absichten möglichst schnell durchsetzen will. Dazu kommt der Schwerpunkt der *Überheblichkeit,* da er sein Handeln nie in Zweifel zieht. Seine **Emotion ist den Partnern gegenüber verschlossen**, ja er nimmt nicht einmal wahr, wenn z. B. »seine Geliebte Fieber hat«.
Bei seinen eigenen Handlungen aber öffnet er seine Emotion weit und »überfährt« damit seine Partner.
Mögliche Szenen:
– Eine ungelegene Vertreterin einer Kosmetikfirma versucht einer gestreßten Hausfrau die Segnungen eines Pflegeprogramms für strapazierte Haut plausibel zu machen …
– Der von Theophrast beschriebene Ungelegene besucht seine kranke Freundin. Er versucht ihr eine Suppe zu kochen, ruft sie in die Küche, weil er dies und das nicht findet und beschimpft sie schließlich, weil sie heute so komisch ist und keine Lust auf Sex hat …
– Dottore Baloardo aus der Commedia dell'arte verteidigt als Rechtsanwalt einen Dieb und verlangt schließlich in seinem blinden Eifer eine äußerst harte Strafe …
– Ein Ungelegener ist Zeuge eines Verkehrsunfalls. Er gibt jedem der Kontrahenten recht und heizt mit seinen widersprüchlichen Aussagen den Streit an …
– Sämtliche Reden des Deutschen Kaisers Wilhelm II. (er ging 1918 ins Exil, nachdem er den 1.Weltkrieg mit »herbeigeredet« hat) können in diesem Schwerpunkt gelesen und gesprochen werden, so z.B. die berühmte »Hunnenrede« …

DER GEDANKENLOSE

Die Gedankenlosigkeit ist der Definition nach eine Trägheit der Seele in Worten und Taten. Der Gedankenlose aber ist einer, der eine Rechnung aufstellt, die Summe zieht und dann seinen Freund fragt: »Was kommt heraus?«
Wenn man ihm meldet, einer seiner Freunde sei gestorben, wird er betrübt, weint und sagt zu den Hinterbliebenen:»Herzlichen Glückwunsch!«
Sein Körperschwerpunkt ist eine Mischung aus *Trägheit* und *Luft.*
Sein Kopf ist eigentlich ein Luftballon, der dem restlichen Körper vorausfliegt. Sein Blick und **seine Emotion sind in die Ferne gerichtet**, offen für die weit entfernten »blauen Berge«, **verschlossen für seine nächste Umgebung**. Der Gedankenlose ist der typische »Überflieger«.
Seine Bewegungen sind von der *Luft* bestimmt, er schwebt über den Tatsachen. Er ähnelt einer *Giraffe,*

Der Flegel

die selbst bei schneller Gangart in Zeitlupe zu laufen scheint, den Blick immer gegen den Horizont gerichtet.
Mögliche Szenen:
– Der von Theophrast beschriebene Gedankenlose – diesmal ein Schauspieler – bespricht mit seinem Regisseur eine Szene und fragt dann am Schluß »… und wie soll ich jetzt die Szene anlegen?« …
– Dottore Baloardo aus der Commedia dell'arte hält eine Rede zur Einweihung eines Denkmals und redet von allen berühmten Männern der Stadt, nur nicht von dem, dem das Denkmal gewidmet ist …
– Ein gedankenloser Liebhaber spricht seine Geliebte immer wieder mit den Vornamen seiner verflossenen Geliebten an …
– Eine gedankenlose Nachhilfelehrerin erklärt ihrer Schülerin die Probleme der gesamten Mathematik anstatt der vorliegenden einfachen Aufgabe …
– Als absurde Szene können die von Theophrast beschriebenen Glückwünsche zu einer Todesnachricht direkt nachgespielt werden …

DER NÖRGLER UND MISSTRAUISCHE

Das Mißtrauen ist ein Verdacht der Unredlichkeit gegen alle, der Mißtrauische aber ist einer, der sein Geld selbst trägt und alle paar hundert Meter stehen bleibt und zählt, wieviel es ist.
Wird er von der Freundin geküßt, sagt er: »Ich würde gerne wissen, ob du mich auch von ganzem Herzen liebst!«
Findet er auf der Straße einen Geldbeutel, sagt er: »Aber einen Schatz habe ich freilich noch nie gefunden!«
Hat er mit Glück eine Ware billig erstanden, sagt er:»Ich würde gerne wissen, ob das was Rechtes ist, was so billig ist!«
Der Körperschwerpunkt des mißtrauischen Nörglers ist die *MISSGUNST*. Der vorgestreckte Oberkörper, das gespannte Kinn und die fast aus dem Kopf tretenden Augen wittern stets Verrat und Betrug. Seine Blickrichtung der Seele, **die Emotion, ist gegen die ganze Welt verschlossen und äugt nur sozusagen aus dem innersten Winkel des Körpers heraus**. Nur blitzartig öffnet sich die Emotion ab und zu, um festzustellen, daß es den anderen viel besser geht, um dann sofort wieder in die Resignation zurückzufallen.
Mögliche Szenen:
– Ein Mann bekommt von seiner Frau zum Geburtstag zwei Krawatten geschenkt. Voll Begeisterung sagt er: »Da ziehe ich gleich eine Krawatte an!« Die Antwort der Frau: »Ach, und die andere gefällt dir wohl nicht?« …
– Eine Frau liegt am Strand in der Sonne und schaut aufs Meer hinaus. Dann sinniert sie: »All das Schöne werde ich nicht mehr sehen, wenn ich mal blind bin, weil ich so lange in die Sonne schaue!« …
– Ein Nörgler steht am Straßenrand und bemerkt: »Immer wenn ich komme, schaltet die Ampel auf rot!« …[1]
– Der von Theophrast beschriebene Mißtrauische fragt noch während des Kusses seine Geliebte, ob sie ihn auch wirklich liebt …
– Der mißtrauische Nörgler schaut seit einigen Stunden zum Fenster hinaus, kommentiert bissig die Passanten und bemerkt schließlich über einen anderen Fenstergucker: »Ich frage mich, wo der die Zeit her hat, stundenlang aus dem Fenster zu schauen.«

DER SPÄTGEBILDETE

Späte Bildung erscheint wohl als eine Liebe zu Strapazen, die dem Alter nicht mehr entsprechen. Der Spätgebildete aber ist einer, der im Alter von sechzig Jahren Verse auswendig lernt, und wenn er sie beim Gelage vorträgt, steckenbleibt.
Er geht in die Ringschulen, trainiert einige Runden mit den jungen Männern und verletzt sich dabei.
Wenn Frauen in der Nähe sind, übt er einen Tanz, zu dem er sich selbst etwas vorträllert.
Sein Körperschwerpunkt ist von der *Erde*, von der *scheinbaren Stärke* und vom *Alter* bestimmt. Ständig

[1] Diese und noch viele anderen Anregungen zu derartigen Szenen finden sich bei Watzlawicks »Anleitung zum Unglücklichsein«.

versucht er aber diese Schwerfälligkeit zu überwinden: Durch Kippen seines Beckens, durch bewußtes Hochheben seiner Schultern, durch Heben der Fersen. Durch die **scheinbaren** Körperschwerpunkte der *LUFT*, des *WASSERS* und der *ÜBERHEBLICHKEIT* werden seine Bewegungen und seine Aktionen tapsig und meist auch tragikomisch.

Er ist der »alternde Jugendbewegte« und geht zumindest geistig stets in kurzen Hosen.

Er gleicht einem *BÄREN*, der gutmütig mühsam aufgerichtet tanzt.

Seine **Emotion ist stets weit geöffnet**. Er versucht immer im Schwebezustand zu sein, obwohl er immer wieder der Schwerkraft unterliegt.

Mögliche Übungen:

– Der alte Pantalone aus der Commedia dell'arte macht einer schönen Frau den Hof. Er tänzelt auf sie zu und verneigt sich gravitätisch – da ereilt ihn ein Hexenschuß …

– Ein älterer Mann klettert mühsam in die Straßenbahn. Ein junges Mädchen bietet ihm ihren Sitzplatz an. Er lehnt dankend ab und fängt sofort an, mit der jungen Dame zu flirten, vergißt aber dabei, sich an den Haltegriffen festzuhalten …

– Eine Lehrerin mittleren Alters bedient sich der Jugendsprache mit »Ey, echt geil!« u. ä. und zeigt ihren Schülerinnen, wie sie früher Rock'n'Roll getanzt hat. Dabei wirft sie einige Stühle um …

– Der alternde Schauspieler demonstriert seinen jungen Kolleginnen und Kollegen, wie grandios er damals am Stadttheater Kleinmiesbach den Romeo gab und klettert dabei auf den Tisch in der Kantine …

»Langsam, Woyzeck, langsam …« – oder Schwerpunkt und Emotion einer Rollenfigur

Aus den Dialogen eines Stückes, aus den Aussagen der handelnden Personen übereinander, aus den Aktionen und Reaktionen der Rollenfiguren und selbstverständlich aus den Regieanweisungen des Dichters lassen sich die erforderlichen Körperschwerpunkte und Emotionen einer Rollenfigur wie ein Mosaik zusammensetzen.

Am Beispiel der Rollenfigur von Büchners Woyzeck soll dies nun unternommen werden.

Dabei bleiben natürlich die Ideen und Veränderungen, die Schauspieler und Regie durch ihre jeweilige Konzeption und Interpretation einbringen, unberücksichtigt.

Zunächst ist **Woyzeck** *Soldat* und dadurch in seinen Bewegungen und Haltungen militärisch konditioniert.

Er hat den grundsätzlichen Schwerpunkt *Feuer*, das ihn auch selbst zu verzehren scheint. *(»Langsam, Woyzeck, langsam; eins nach dem andern! Er macht mir ganz schwindlig …« »Der lange Schlingel greift aus, als läuft der Schatten von einem Spinnbein … grotesk!«)*

Seine Bewegungen und sein Sprechduktus sind von *Hektik* gekennzeichnet. *(»Hör Andres, ich hab kei Ruh!«)*

Gleichzeitig drückt sein trostloses Dasein wie eine schwere *Last auf seinen Schultern,* die er gerne abschütteln möchte. *(»Ist das Nein am Ja oder das Ja am Nein schuld? Ich will darüber nachdenken. »Geht mit breiten Schritten ab, erst langsam, dann immer schneller.«)*

In seinen Handlungen ist er meist fremdbestimmt und »getrieben«. Dadurch gleichen seine Bewegungen der einer *Marionette*.

(Woyzeck: »Aber Herr Doktor, wenn einem die Natur kommt … «

Doktor: »Hab ich nicht nachgewiesen, daß der Mensch dem Willen unterworfen ist …«)

Woyzeck hört Stimmen aus der Wand, er lauscht in den Himmel und in die Erde hinein. Seine Bewegungen und sein Schwerpunkt sind dadurch weiterhin bestimmt durch *Luft,* die ihn abheben läßt vom Boden der Tatsachen, und durch den starren Blick des *Lauschens.* Dies läßt ihm den *Atem eng werden*, und *schnürt die Emotionen ein.*

(»Ich kann nit schlafen! Wenn ich die Augen zumach, dreht sich's immer … und dann spricht's aus der

Wand ...« »... Kerl, er ersticht mich mit seinen Augen ...«)
Seine Emotion ist *verschlossen,* Woyzeck kann niemandem mehr offen begegnen. (»*Jeder Mensch ist ein Abgrund; es schwindelt einem, wenn man hinabsieht...«)*
Er gleicht einem *Hund,* der in einem zu engen Zwinger gehalten wird und, die Schnauze am Gitter blutig gerieben, kläfft.
(»Immer zu, immer zu, Dreht euch, wälzt euch! Warum bläst Gott nicht die Sonn aus?!«)
Manchmal gleicht er auch einem wildgewordenen *Stier.* »*Was ne Wespe hat dich gestochen, du siehst so verrückt aus wie ne Kuh, die die Hornisse jagt.«*
Selbstverständlich können nicht in jeder Szene alle Schwerpunkte und Emotionen gleichzeitig zum Tragen kommen. Hat aber ein Schauspieler mit Hilfe der Körperhaftigkeit eine Rolle gestaltet und modelliert, so wird er in jeder Szene die adäquaten Schwerpunkte und Emotionen parat haben und stets *ein Gesamtbild eines Menschen* produzieren, dem Mosaik gemalter Fensterscheiben gleich, die je nach Einfall der Sonnenstrahlen mal hier und mal da zu leuchten beginnen.

»Erzähle einen Traum!« oder Allgemeine Übungen zur Erarbeitung einer Rollenfigur

Die Rollenfigur erzählt einen Traum

Die Spielerin, der Spieler hat sich mit der Rollendefinition und mit den grundlegenden Körperschwerpunkten und der Emotion der Rollenfigur vertraut gemacht und erfindet nun spontan oder vorbereitet einen Traum, den diese Figur geträumt hat. Er erzählt diesen nun vor den anderen Mitspielern.

[1] Zitiert aus Hans Mayer; Woyzeck – Dichtung und Wirklichkeit; Ullstein Verlag

Aus der Erzählung kann auch eine Szene gestaltet werden, in die die anderen improvisierend *in ihrer Rolle* einsteigen können.
Der Regisseur kann den Schauspielern auch den Zeitpunkt des Traumes im Stückablauf vorgeben und damit in echter »Hebammenart« die Arbeit an der Rolle steuern.
Beispiel: »Woyzeck« von Büchner
Die Idee zu dieser Übung entstand durch das Quellenstudium zu »Woyzeck«. Im Gutachten über den historischen Woyzeck schreibt der Hofrat Dr. J. C. A.Clarus: *»Auf seine Träume, die er sehr gerne erzählt und auf seine Weise deutet, baut er auch seine Hoffnungen. So erzählte er mir mit großer Freude, daß ihm geträumt habe, er läge in einer Grube, um welche mehrere Menschen beschäftigt wären, ihn herauszuziehen ... Selbst wenn dergleichen Traumgestalten gar keine Beziehung zu ihm haben, versucht er dennoch in ihnen sein schicksal zu lesen und hält z. B. Träume von Feuer und klarem Wasser für günstige Vorbedeutungen.«*[1]
– Woyzeck träumt diesen Traum vor dem Streit mit Marie über die Ohrringe, die Marie vom Tambourmajor geschenkt bekam...
– Woyzeck träumt am Abend vor dem Wirtshaustanz ...
Beispiel: »Leonce und Lena« von Büchner
– Leonce träumt für sich ...
– Leonce zelebriert einen Traum vor dem Hofstaat, um seinen Müßiggang genial erscheinen zu lassen ...
– Lena träumt von ihrer Hochzeit ...
Beispiel: »Romeo und Julia« von Shakespeare
– Julia träumt vor dem großen Ball im Hause Capulet ...
– Julia träumt nach dem ersten Treffen mit Romeo ...
– Julia träumt in der ersten Nacht, die sie mit Romeo verbringt ...
– Julia träumt, nachdem ihr der Pater das Schlafgift übergeben hat ...
Der Regisseur kann zu dieser Übung auch Stichworte vorgeben, wie z. B:
... ein wunderschöner Traum.

… ein Wunschtraum.
… ein Warntraum.
… ein Alptraum.

Die Rollenfigur ißt einen Teller Suppe

Zur Herstellung des allgemeinen Bewegungsduktus der Rollenfigur ißt die Figur den Teller Suppe alleine.
Anstatt des Essens von Suppe können natürlich auch andere konditionierte Bewegungsabläufe benutzt werden, wie z. B. Schuhe anziehen, einen Brief schreiben u. ä.
… Woyzeck ißt gierig. Er ist froh, endlich einmal etwas anderes als Erbsen zu bekommen … er hat ein schlechtes Gewissen, weil er seinen Kontrakt mit dem Doktor bricht …
… der Doktor aus »Woyzeck« analysiert die Suppe…
… der Hauptmann aus »Woyzeck« ißt melancholisch, weil es seine letzte Suppe sein könnte …
… Leonce ißt angeekelt von allen Hummersuppen dieser Welt …
… Leonce genießt eine deftige Kartoffelsuppe, die er einem Diener wegfrißt …
Zur Vorbereitung auf eine bestimmte Szene, ißt die Figur den Teller Suppe vor anderen oder zusammen mit anderen.
Durch die verschiedenen Punkte der Aufmerksamkeit (AP auf Suppe – AP auf den Partner) entsteht ein »Gefüge« aus dem grundsätzlichen Bewegungsduktus und den Bewegungen, die die Szene oder die Situation erfordern.
… Julia soll essen, sie bringt aber im Beisein ihrer Eltern keinen Bissen hinunter …
… Die Amme bringt Julia eine kleine Stärkung …
… Julia wartet während des Essens auf eine Nachricht von Romeo …
… Julia frühstückt mit Romeo, bevor Romeo fliehen muß …
… Julia soll essen; sie hat aber bereits das Schlafgift genommen …

Die Rollenfigur kauft im Laden ein

Man sollte bei der Improvisation dieser Szene auf jegliche Historisierung verzichten und sie in der Gegenwart ansiedeln, da es um die Erarbeitung einer Rollenfigur und ihrer Reaktionen im sozialen Gefüge geht.
Wenn der Regisseur die Schauspielerinnen und Schauspieler steuern oder gar provozieren möchte, sollte er selbst den Verkäufer spielen.
… Die Rollenfigur wird begrüßt; sie wird hofiert; sie wird übergangen; sie wird bevorzugt.
… Wie reagiert die Rollenfigur auf die Einkäufe der anderen?
… Wie reagiert die Rollenfigur auf andere, die sich vordrängen?
… Wie reagiert sie auf die Nennung eines überhöhten Preises?
… Wo bewahrt die Rollenfigur das Geld auf?
… Wie zieht sie den Geldbeutel?
… Wie trennt sie sich von ihrem Geld?

Die Rollenfigur trifft auf eine andere Rollenfigur

Wie schon im Kramerladen kann eine Rollenfigur auf andere treffen, mit denen sie im Stück überhaupt nicht oder unmöglich in einer solchen Situation zusammentrifft. Bei der Erarbeitung dieser improvisierten Szenen soll die Situation, nicht der Handlungsort im Vordergund stehen.
… Woyzeck und Hauptmann in der gleichen Kneipe.
… Woyzeck und Hauptmann auf der Herrentoilette.
… Tambourmajor und Hauptmann treffen sich im Bordell.
… König Popo aus »Leonce und Lena« und Valerio treffen sich im Garten.

... Romeo und Tybalt sitzen nach einer Schlägerei in der gleichen Polizeizelle.
... Pater und Amme aus »Romeo und Julia« treffen sich vor der Kirche oder im Klostergarten.

Die Rollenfigur will unerkannt bleiben

Wie einst der berühmte Harun el Raschid, kann sich die Rollenfigur in einer Kneipe »unerkannt« unter das Volk mischen und die Leute am Wirtshaustisch über sich oder andere befragen. Dabei muß die Rollenfigur auch in ihrer Verstellung immer sichtbar bleiben. Der Rest des Ensembles spielt die Kneipenbesucher und kann nun dem Darsteller der Rollenfigur ein Höchstmaß an Rollengestaltung abverlangen.
... König Popo aus »Leonce und Lena« gibt sich leutselig.
... Leonce besucht mit Valerio die Kneipe und versucht diesen an Volkstümlichkeit zu übertreffen.
... Woyzeck und Andres geben sich als Offiziere aus.
... Der Doktor studiert die Sitten des einfachen Volkes und gibt sich als Student aus.
... Tybalt besucht unerkannt die Stammkneipe der Sippe Montague.
... Die Amme von Julia versucht etwas über Romeo herauszubekommen.

Blitzimprovisation innerhalb der Szene

Während der Erarbeitung einer Szene kann der Regisseur durch Zwischenfragen, die nur scheinbar nichts mit der augenblicklichen Szene zu tun haben, wertvolle Hebammendienste leisten. Diese Fragen richten sich nicht an den Darsteller, sondern an die Rollenfigur und müssen auch in der Rolle beantwortet werden. Oft ergibt sich dadurch eine reizvolle Ausweitung der Szene, die in die Inszenierung übernommen wird.
... Was siehst du jetzt alles auf der Szene?
... Was hast du auf dem Weg hierher erlebt?
... Wen hast du auf dem Weg hierher getroffen?
... Was ist dir eben im Moment am Partner aufgefallen?
... Wer sollte jetzt am besten nicht vorbeikommen?
... Wo möchtest du jetzt am liebsten sein?
... Was würdest du jetzt am liebsten sagen oder tun?

Unterhaltungen im Stehcafé

Die Vorbereitung dieser Übung kann den Schauspielerinnen und Schauspielern sozusagen als »Hausaufgabe« gegeben werden, um sich anhand des Textes über die Gefühle ihrer Rollenfigur für andere Rollenfiguren schlüssig zu werden. Gleichzeitig erfahren die zuschauenden Mitspieler durch die Improvisationen zusätzliche Impulse zur Arbeit an der Rolle.
Vorgegebene Szene ist ein Stehcafé. An einem Tischchen unterhalten sich...
... Maria und die Nachbarin über Woyzeck oder Tambourmajor ...
... Wozeck und Andres über den Hauptmann oder den Tambourmajor ...
... Julia und Amme über Graf Paris oder Romeo ...
... Romeo und Mercutio über die Mädchen im allgemeinen ...
... Tybalt und der Pater über Graf Paris oder die Montagues ...

Erwartungshaltungen der Rollenfigur

Falsche Erwartungshaltungen spielen im Alltag eine große Rolle und sind oft der Grund für Streit und Mißstimmung. So kommt z. B. ein Mann abgespannt und frustriert nach Hause und erwartet, daß man ihn bemitleidet und pflegt. Seine Partnerin erwartet aber, daß er sich endlich freudig und locker seiner Familie zuwendet und mit den Kindern herumtollt.
Auch für bestimmte Theaterszenen lohnt es sich, wenn man die Erwartungshaltungen der Rollenfiguren nicht

nur bespricht, sondern sie improvisiert. Die dem Kontext des Stückes entsprechenden Erwartungshaltungen lassen sich oft leicht konstruieren.

Ein klassisches Beispiel hierzu gibt Schiller bei der Begegnung der Königinnen in »Maria Stuart« (3. Akt, 4. Szene):

1. Improvisierte Vorszene:
Lord Leicester überredet Maria Stuart zum Treffen mit Elisabeth:
Elisabeth sei versöhnungswillig; Maria müsse den Kniefall nur andeuten, Elisabeth strebe keine öffentliche Demütigung an …

2. Improvisierte Vorszene:
Lord Leicester überredet Elisabeth zum Treffen mit Maria:
Maria sei völlig gebrochen und »tief gebeugt«; sie sei zur Unterwerfung bereit und wolle nur noch ihren Frieden weitab in einem Kloster …

3. Die Begegnung der Königinnen wird nun in der jeweiligen Erwartungshaltung improvisiert:
- Maria wartet im Garten. Elisabeth geht mit ausgebreiteten Armen auf Maria zu, hindert sie am Kniefall und schließt sie gerührt in die Arme: *»Schwester, kein Streit sei mehr zwischen uns …«*
- Elisabeth betritt den Garten. Maria wirft sich demütig auf die Knie, bittet um Gnade und bietet den Thronverzicht an:

»Ich will vergessen, was ich bin und was ich war …«

4. Auf der Grundlage dieser Erfahrungen wird nun die tatsächliche Szene aus dem Stück erarbeitet:
Maria wartet auf das Entgegenkommen Elisabeths, Elisabeth wartet auf den Kniefall Marias. Nun erklärt sich auch der Satz von selbst, mit dem Elisabeth die Szene beginnt: *»Wie Mylords? Wer war es denn, der eine Tiefgebeugte mir angekündigt?«*, und die Spannung dieses gegenseitigen Wartens wird die restliche Szene mit all ihren Ausbrüchen und Beschimpfungen »tragen«.

Die Rollenfigur erhält einen Brief

Diese Übung erscheint mir als die wichtigste zur Erarbeitung einer Rolle.

Der Regisseur entwirft »Briefe« an die einzelnen Rollenfiguren, die inhaltlich knapp gefaßt sind. Eine ausgearbeitete Briefform mit Anrede u. ä. würde nur ablenken.

Er kann damit eine Szene vorbereiten und Hilfestellung zur Vertiefung der Rollenfigur geben, wird aber auch gleichzeitig durch den Entwurf des Briefes gezwungen, selbst »weiterzudenken«.

Die Schauspielerin oder der Schauspieler sitzt oder steht in Körperschwerpunkt und Emotion der Rollenfigur allein auf der Bühne und erhält nun den Brief.

Nun muß sie oder er *ohne Vorbereitung* nonverbal oder mit möglichst wenigen Worten auf den Brief reagieren und darf keinesfalls den Brief nur vorlesen.

Die zuschauenden Kolleginnen und Kollegen sollen nun nicht erraten, was in diesem Brief steht, sondern genau schildern, welche Reaktionen sie gesehen haben.

Damit erhält der Darsteller Feedback über das, was er über »die Rampe bringen wollte«. Zugleich wird im anschließenden Gespräch erörtert, ob seine Reaktion auf den Brief seiner Rollenfigur adäquat war.

Diese Übung kann zur Szene ausgeweitet werden, wenn man eine andere Rollenfigur des Stückes als »stummen Beobachter« des Lesens hinzunimmt: Z. B. erhält Marie einen Brief des Tambourmajors an sie dann im Beisein der Nachbarin oder Woyzecks oder Romeo einen Liebesbrief seiner ehemaligen Geliebten Rosalinde im Beisein Julias.

Beispiele aus »Woyzeck« von Büchner

Briefe an Woyzeck:

– Der Doktor schreibt dir, daß er eine neue Untersuchungsreihe beginnen möchte. Morgen früh um acht Uhr sollst du dich bei ihm melden. Eine Dienstbefreiung sei mit dem Hauptmann bereits abgesprochen.

– Aufgrund einer Anzeige des Tambourmajors – Wi-

dersetzlichkeit gegen einen Offizier – sollst du in eine andere Garnisonsstadt strafversetzt werden.
– Ein entfernter Verwandter ist gestorben und hat dir eine kleine Erbschaft vermacht.
Briefe an Marie:
– Ein anonymer Brief, in dem du auf übelste Weise beschimpft wirst. Du seist eine Hure, die nur hinter Männern her ist.
– Ein Liebesbrief vom Tambourmajor. Er lobt besonders deine körperlichen Vorzüge.
– Ein unbeholfen geschriebener Glückwunsch von Woyzeck zu deinem Geburtstag.
Briefe an den Tambourmajor:
– Eine »Unbekannte« schreibt dir, daß sie dich bei der Parade gesehen hat und seitdem unsterblich in dich verliebt ist. Sie bittet um ein heimliches Rendezvouz.
– Ein Dienstmädchen schreibt dir, daß sie von dir schwanger sei. Wenn du die Vaterschaft nicht anerkennst, wird sie vor das Garnisonsgericht gehen.
– Ein Brief von Marie. Sie ist bereit, Woyzeck zu verlassen und malt sich bereits eine schöne Zukunft als Frau Tambourmajor aus.
Briefe an den Hauptmann:
– Du sollst befördert werden. Aber du wirst mißtrauisch, weil der Briefkopf des Generalstabes nicht stimmt. Schließlich merkst du, daß der Brief eine plumpe Fälschung und ein dummer Scherz ist.
– Eine Witwe aus der Nachbarschaft schreibt dir, daß sie deine Blicke auf ihre weißen Strümpfe richtig deuten möchte und daß es nie zu spät sei, einen Hausstand zu gründen.
– Ein Freund, mit dem du auf der Militärakademie warst, ist am Schlaganfall gestorben. Er war zwei Jahre jünger als du.

Beispiele aus »Romeo und Julia« von Shakespeare

Briefe an Julia:
– Ein Brief an deinen Vater. Du liest den Brief heimlich. Er ist auf dem Tisch liegengeblieben. Darin schreibt euer Nachbar, daß er beobachten würde, daß immer wieder nachts jemand über die Mauer in eueren Garten klettern würde.
– Ein Brief von Romeo. Seine Liebe zu dir sei unsterblich, unendlich und stehe hoch über allem.
– Ein Brief vom Pater. Er beschreibt genau die Wirkung des Schlafgiftes und wie du es einnehmen sollst.
Briefe an Romeo:
– Ein Schreiben des Obersten Gerichts der Stadt Verona. Dein und deines Vaters Gnadengesuch ist abgelehnt. Selbst eine Gnadenfrist für die Verbannung wird verweigert.
– Ein bitterböser Brief von deiner ehemaligen Geliebten Rosalind. Du bist ein Schwein, ein Verführer, ein Absahner. Sie wird sich rächen.
– Ein Freund schreibt dir, daß Tybalt am nächsten Sonntag besonders gut auf seine Cousine Julia achtgeben wird, weil er Verdacht geschöpft hat.

10. »Geben und Nehmen« oder »Übung macht den Meister«

»Unserer Meinung nach sind die folgenden Punkte wesentliche Voraussetzungen für die schauspielerische Tätigkeit, sie sollten zum Objekt methodischer Erforschungen gemacht werden:
a) Um den Prozeß der Selbstoffenbarung in Gang zu bringen, muß auf das Unterbewußtsein zurückgegriffen werden, doch müssen die treibenden Impulse gesteuert werden, damit die erforderlichen Reaktionen eintreten.
b) Dieser Prozeß muß artikuliert, kontrolliert und in Zeichen umgewandelt werden. Konkret heißt das, eine Partitur muß komponiert werden, deren Noten winzige Kontaktfelder sind, Reaktionen auf die Reize der Außenwelt;
Wir nennen das : »Geben und Nehmen«.
Wir tragen vom Schauspieler das, was sein Wesen verschüttet, ab, doch wie er künstlerisch arbeiten soll, lehren wir ihn nicht – beispielsweise, wie Hamlet zu spielen wäre, wie eine tragische Geste aussieht, wie eine Farce gespielt werden muß –, denn eben dieses »wie« ist der Boden, auf dem die Saat der Banalität und Klischees, die eine schöpferische Gestaltung verhindern, aufgeht.« Jerzy Grotowski[1]

Geste und Gestik – Mimik und Grimasse

Ein Darsteller von Menschen wird immer an das »Bewußtsein« stoßen, das die natürliche Grazie verdunkelt, und wird die Kleistsche Mahnung berücksichtigen, durch Übung »durch ein Unendliches gehen« zu müssen, um die ursprüngliche Unschuld wieder zu erlangen.
Bei jeder neuen Szene oder Improvisation müssen wir uns darüber klar werden, wie das »Geben und Nehmen« im Alltag geschieht und wie dies auf der Bühne **dargestellt werden soll**:
Wenn wir im Alltag überrascht werden, *sind* wir überrascht, auf der Bühne *stellen wir* die Überraschung *dar*, da ja der »Reiz der Außenwelt« nicht neu für uns ist. So können konventionelle Gesten und Grimassen im Alltag durchaus stimmig sein, auch wenn sie der Kommunikation nicht unbedingt förderlich sind. Auf der Bühne aber wirken sie banal, papieren und »ausgestellt«, da sie nicht mehr z. B. von einer tatsächlichen Überraschung getragen werden.
Zunächst einmal unterscheiden wir *Geste* und *Gestik*:
Alle Bewegungen unserer Gliedmaßen, die primär – ohne Impuls durch die Emotion – von dort ausgehen, z. B. ein bewußtes Heben des Armes oder ein ausgestreckter Zeigefinger, bezeichnen wir als *Gesten*.
Alle Bewegungen der Gliedmaßen, die aus dem Zentrum gelenkt sind, die primär aus dem Atem, der Emotion, der Zuwendung oder Abwendung entstehen, und erst sekundär die Bewegung der Muskulatur hervorrufen, bezeichnen wir als *Gestik*.

Die Gestik
Gestik ist immer gesamtheitlich, gesamtkörperlich. Jede Bewegung der Gliedmaßen wird initiiert und getragen vom Atem und der jeweiligen Emotion:
– Wenn ein Mensch erschrickt, hält er zunächst den Atem an, sein Körper verkrampft sich um das Zentrum: Dann erst hebt er abwehrend die Hände.
– Man trifft zufällig auf einen guten Bekannten. Wir reagieren auf die unverhoffte Begegnung mit der Öffnung der Arme erst, wenn der Atem sie »frei gibt« …
– Nach einem Erfolg, holen wir zuerst tief Atem, dann erst reißen wir die Arme jubelnd nach oben …

Die wortbegleitende Geste
Wie der Name bereits sagt, begleitet, beschreibt und untermalt diese Geste das gesprochene Wort:

[1] Jerzy Grotowski; Das arme Theater; Friedrich Verlag

– »Ich hab einen so großen Fisch gefangen« – dazu zeigen die Hände die ungefähre Größe des Fisches …
– »Bleib stehen, wo du bist!« – dazu zeigt der ausgestreckte Arm den Abstand und bezeichnet die Grenze …
– »Jetzt mach endlich vorwärts!« – dazu »kurbeln« die Hände in der Luft und verdeutlichen die Aufforderung …

Die wortersetzende Geste
Anstatt des Wortes werden »Fingerzeige« verwendet, wenn die räumliche Entfernung, unsere »Maulfaulheit« oder der Anstand uns hindern, Worte auszusprechen:
– Wir deuten mit dem ausgestreckten Finger auf die Ampel, wenn wir dem Fahrer des Autos klarmachen wollen, daß die Ampel schon längst auf Grün umgesprungen ist …
– Wir reiben den Daumen gegen den Zeigefinger, wenn wir der Bedienung zeigen wollen, daß wir die Rechnung begleichen möchten.
– Wir zeigen den hochgereckten Mittelfinger oder den »Vogel« …

Die zeremonielle Geste
Alle Bewegungen, die zunächst in ihrer Einmaligkeit eine Emotion ausdrücken und als *Gestik* bezeichnet werden, wie z. B. Hände schütteln, Umarmungen, werden durch ständige Wiederholung – und atemlos benutzt – zu Körperfloskeln, ähnlich bedeutungslos wie die Wortfloskeln:
– Wir wünschen einem Mitmenschen den Frieden. Die zum Segensgruß ausgebreiteten Arme degenerieren zur zeremoniellen Geste, zum Zeichen, wenn der »Atem des Wunsches« fehlt …
– Wir begrüßen einen Mitmenschen mit Umarmung und Kuß.
Dies bleibt eine Geste, wenn wir es ohne emotionale Beteiligung unternehmen, eben, »weil man's halt macht«.

Grimasse und Mimik
Unser Gesicht spiegelt in der Mimik die Bewegungen des Herzens wider, wenn wir uns freuen oder traurig sind. Ein Lächeln entsteht im Bauch, durch ein »Aufatmen« …
Wir zeigen eigentlich nur die Zähne und heben die Mundwinkel, wenn wir ein Lächeln zeigen müssen, obwohl uns nicht nach Lächeln zumute ist. Unser Gesicht gefriert zu einer Grimasse …
Selbstverständlich kann ein Schauspieler auch bewußt Körperfloskeln, Gesten und Grimassen einsetzen, um eventuell die Armut des Kontaktes zwischen Menschen darzustellen. Will er aber die von Grotoswski geforder-

te »Partitur komponieren, deren Noten winzige Kontaktfelder sind«, dann wird er das »Geben und Nehmen« nur verkörpern können, wenn er Gesten und Grimassen vermeidet und die Gestik und Mimik stets neu über den Atem kreiert.

Reize der Außenwelt – Übungen und Improvisationen

PEINLICHE PAUSE

- 'Einige Leute stehen beisammen. Einer erzählt einen unsäglichen Witz, z. B. einen ausländerfeindlichen Türkenwitz oder auch nur einen sogenannten »liebevollen« Österreicherwitz.

Einer der Umstehenden ist ein Betroffener. Peinlichkeit macht sich breit …

- Man unterhält sich über eine Inszenierung. Einer äußert sich in beleidigender und abfälliger Form. Nun merkt man, daß der Regisseur der gescholtenen Inszenierung anwesend ist …

Variationen:

- Einer muß die Situation retten…
- Einer will die Situation retten, verschlimmert sie aber durch seine Vermittlungsversuche noch mehr …
- Man solidarisiert sich mit dem Betroffenen …
- Alle lachen herzlich über den gelungenen Witz und lassen den Betroffenen alleine …

VERLEGENHEITSPAUSE

- Auf einer Party stellt der Gastgeber zwei Leute, die sich nicht kennen, gegenseitig vor. Sofort nach der Vorstellung wird er weggerufen. Nun stehen die beiden sich gegenüber und versuchen ins Gespräch zu kommen …
- Auf einer Party haben zwei Frauen das gleiche Kleid an. Sie versuchen die Situation zu retten …
- Die »frisch geschiedenen«, ehemaligen Ehepartner treffen sich zufällig auf der Straße oder auf einer Vernissage …

UNVERMUTETE FRAGE

- Zwei Menschen unterhalten sich über banale Dinge, wie z. B. das Wetter, über das Geschäft oder den Urlaub. Plötzlich stellt einer der beiden eine unvermutete Frage, die den anderen sehr persönlich betrifft, wie z.B. »Wann mußt du deine Haftstrafe antreten?« oder »Seit wann schlaft ihr zusammen?«

Variationen:

- Einer der beiden will das Gespräch unbedingt in andere Bahnen lenken …
- Einer der beiden verrät ein Geheimnis, das er unbedingt für sich behalten wollte …
- Einer will unbedingt dem anderen eine Information entlocken …
- Einer will nur das aus den Reden des anderen heraushören, was ihm angenehm ist …

ABRUPTER THEMENWECHSEL

- Zwei Schwestern streiten sich über einen »gemeinsamen« Freund. Da tritt die Mutter ins Zimmer, die nichts von dieser Freundschaft wissen darf …
- Zwei Angestellte schimpfen über den Chef. Da betritt dieser den Raum …
- Zwei Freunde schimpfen am Imbiß-Kiosk über einen gemeinsamen Bekannten. Plötzlich merken sie, daß der Kioskbesitzer diesen auch kennt …

Variationen:

- Die dritte Person tritt imaginär auf …
- Die dritte Person hört die letzten Worte der Unterhaltung und mischt sich ins Gespräch. Die beiden Gesprächspartner winden sich vor Verlegenheit und suchen Ausflüchte …
- Die dritte Person hört die letzten Worte und sorgt mit ihrer Reaktion für eine Überraschung …

EINER REGT SICH AUF, DER ANDERE NIMMT'S ALS KOMPLIMENT

Einer regt sich über einen anderen in seinem Beisein auf und beschimpft ihn. Der andere genießt die Schimpfkanonade, guckt amüsiert und fühlt sich bestätigt und geschmeichelt.

- Man wirft dem Partner vor, ständig zu flirten. Dieser fühlt sich nur als »toller Hecht« bestätigt …
- Eine Frau schimpft (berechtigt oder unberechtigt) über die Männer im besonderen und allgemeinen. Der beschimpfte Macho freut sich darüber und fühlt sich in seiner Meinung über Frauen bestätigt …
- Ein Mann wirft seiner Frau vor, nur ihre Karriere im Kopf zu haben, anstatt für den Haushalt zu sorgen. Diese merkt durch die Beschimpfungen, daß sie auf dem richtigen Weg ist …
- Man wirft dem Partner übermäßigen Alkoholgenuß vor. Dieser hört aus den Beschimpfungen nur heraus, daß er ein Mordskerl ist, der eine Menge Alkohol verträgt …

Variationen:

- Der Angeschuldigte verteidigt sich guten Gewissens …
- Der Angeschuldigte provoziert absichtlich …
- der Angeschuldigte versucht sich zu verteidigen, macht aber dadurch alles noch schlimmer …

ABLENKUNGEN

Während einer Tätigkeit oder während des Sprechens wird man abgelenkt. Die Spielerin oder der Spieler müssen nun die Ablenkung sichtbar machen, dürfen aber die Tätigkeit oder die Rede nicht unterbrechen oder abbrechen. In einer Variation kann der Spieler die Ablenkung selbst erfinden und die Zuschauer raten lassen …

- Während einer Rede bekommt ein Spieler einen Zettel mit der Nachricht gereicht, daß eine Bombendrohung eingegenagen ist …
- Ein Redner sucht während seiner Wahlrede den angekündigten Attentäter …
- Man telefoniert mit einem wichtigen Geschäftspartner in Übersee, während das Kleinkind den Bücherschrank ausräumt …
- Man telefoniert mit dem Chef und entschuldigt sich, daß man wegen einer Erkältung nicht zur Arbeit kommen kann, während die Partnerin mit Zärtlichkeiten und Kitzeln stört …
- Man plaudert beim Essen freundlich weiter, während die berühmte »Loriotsche Nudel« am Kinn des Partners hängt…

SICH BEOBACHTET FÜHLEN

Man führt eine Betätigung aus und wird dabei genau von einem anderen beobachtet. Allein schon dieser Umstand hindert manche Mitmenschen an der Fortsetzung der Tätigkeit. Dieses Unwohlsein, beobachtet zu werden, steigert sich, wenn die Betätigung unerwünscht, unerlaubt oder verboten ist.

Der beobachtende Partner darf kein verbales Verbot aussprechen, sondern muß versuchen, nur durch Blicke den Darsteller bei seiner Betätigung zu stoppen.

- Einer will seine Unterschrift unter einen Brief setzen, ein Partner schaut ihm genau zu …
- Einer will seine Kontaktlinsen einsetzen …
- Einer hat sich das Rauchen abgewöhnt. Nun liegt während des Gespräches mit seiner Freundin eine Schachtel Zigaretten auf dem Tisch.

… Er nimmt gedankenverloren eine Zigarette und will sie anzünden.

… Während des Gespräches wird seine Lust immer größer, eine Zigarette zu rauchen. Er nimmt eine und hofft, seine Freundin sagt nichts.

- Einer kaut Nägel und wird beobachtet:

… Die Mutter sieht es.

… Während einer spannenden Fernsehsendung auf dem Sofa.

… In aller Öffentlichkeit während einer Podiumsdiskussion.

- Einer ißt Süßigkeiten:

… Er macht eine Diät.

… Der Arzt hat es verboten.

… Er hat Diabetes im fortgeschrittenen Stadium …

- Einer trinkt das dritte Glas Wein:

… Man hatte fest vereinbart, daß er heute das Auto nach Hause fährt.

... Er hatte fest versprochen, nur ein Glas zu trinken.
... Er sollte wegen seiner schlechten Leberwerte keinen Alkohol trinken.
... Er ist Alkoholiker ...
– Eine Lehrerin füttert im Tierpark die Affen, obwohl ein großes Schild »Füttern verboten« am Käfig hängt. Ein Schüler ihrer Klasse kommt hinzu.
– Eine Mann liest ein Pornoheft:
... Er provoziert durch das Lesen die Partnerin.
... Das Kind will auch in das »Bilderbuch« schauen.
... Die Ehefrau hat sich derartige Lektüre verbeten.
– Eine Frau liest ein Pornoheft:
... Aus Neugier, was die Männer so anmacht.
... Sie will den Partner provozieren, weil er so »lasch« ist.
... Sie will den Partner provozieren, weil sie weiß, daß ihm sowas gefällt.

ICH BIN STOLZ AUF ...
Eine Spielerin, ein Spieler hält eine kurze festgelegte Rede, wie z. B. »Ich begrüße Sie, meine Damen und Herren, recht herzlich im Namen der Vorstandschaft und wünsche ihnen für den heutigen Nachmittag viel Vergnügen.« Dabei ist er/sie stolz:
– auf sein wunderschönes Haar.
– auf seine breiten Bodybuilder-Schultern.
– auf die schmalen Hüften.
– auf die blitzenden Zähne.
– auf den wohlgeformten Busen.
Dabei schämt er/sie sich:
– für ihre rauhen Hände.
– für ihre unreine Haut.
– seine schlechten Zähne.
– für das Loch in der Hose.
– für seine verschiedenen Socken.
Dabei ist er/sie furchtbar aufgeregt:
– weil seine Verwandschaft im Saal sitzt.
– weil ihr neuer Freund im Publikum sitzt.
– weil die Feuerwehrleute hinter der Bühne den Brand löschen.
– weil seine Bewerbung um den Job von dieser Rede abhängt.
Es sollte bei dieser Improvisation darauf geachtet werden, daß die Spieler, die Objekte von Stolz und Scham nicht mit den Händen betonen.

Jemanden nicht zu Wort kommen lassen

Die Spielpartner müssen in dieser Übung eine Szene entwickeln, an der Zuschauer Spaß hat. Selbstverständlich wäre es ein leichtes, dem Partner tatsächlich das Wort abzuschneiden und selbst endlos zu reden.
– A will B anpumpen. A merkt seine Absicht und versucht das Thema »Geld« zu vermeiden.
– Nach einem netten Tanzabend will ER SIE noch auf »eine Tasse Kaffee« zu sich einladen. Sie will ihm nicht wehtun, und versucht das Thema zu wechseln.
– A versucht B am Aussprechen einer Wahrheit zu hindern, die für den anwesenden C sehr unangenehm wäre. C wird immer neugieriger.
– A trifft B nach einer durchzechten Nacht. A hat das Gefühl, sich furchtbar daneben benommen zu haben, kann sich aber an nichts mehr erinnern. Er weiß aber auch nicht, wie groß die Erinnerung noch bei B ist.
– A wird von B auf seine kriminelle Vergangenheit angesprochen. A weiß nicht, was B meint, denn er hat mehrere Sachen auf dem Kerbholz.
– A macht B Komplimente, um etwas zu erreichen. B merkt seine Absicht und macht nun seinerseits Komplimente.

SICH NICHTS ANMERKEN LASSEN
Den Zuschauern muß in dieser Szene nicht nur klar werden, *daß* sich der Darsteller nichts anmerken läßt, sondern auch *warum* er sich nichts anmerken läßt! Diese Szenen lassen sich gut »a parte« spielen.
– A erzählt B eine frohe Neuigkeit. B weiß es bereits, will aber A die Freude nicht verderben.
– A erzählt B, den er eben erst kennengelernt hat, von

seinen künstlerischen Erfolgen. B kennt aber den A und weiß, daß dies alles nur Angeberei ist.

- A »baggert« B an und erzählt, daß er ledig sei. B weiß, daß A verheiratet ist.
- Ehepaar beim Frühstück: Einer der beiden entdeckt in der Zeitung eine Nachricht, die er vor dem anderen verbergen will.
- Im Krankenhaus: Das Publikum ist informiert, daß A unheilbar krank ist. Nun wird er von B besucht.

... A weiß von seiner Krankheit, B ist vollkommen ahnungslos.

... A weiß von seiner Krankheit, will aber B nichts merken lassen, um ihn nicht zu beunruhigen.

... B weiß von der Krankheit, A aber noch nicht.

... Beide wissen von der Krankheit, vermeiden aber bewußt dieses Thema.

... Beide wissen es, wollen aber den anwesenden C nicht beunruhigen.

- Im Büro: Einer steckt heimlich wichtige Notizen und Kopien in seine Tasche. Ein anderer beobachtet dies, läßt sich aber nichts anmerken.
- Auf der Bühne: Eine Schauspielerin und ein Schauspieler haben sich während der Probenarbeit verliebt. Der Regisseur erarbeitet mit den beiden nun eine heftige Liebesszene. Der Regisseur weiß von der Affäre, läßt sich aber nichts anmerken. Die beiden wissen nicht, ob der Regisseur etwas weiß und versuchen auch, sich nichts anmerken zu lassen.
- Typisch Schauspieler: Ein Schauspieler flirtet mit einer Kollegin und benützt dabei Textpassagen aus einem Theaterstück.

Die Schauspielerin kennt aber das Stück.

11. Die Kunst der Spielleute

Lachen tötet die Furcht …

Im theatergeschichtlichen Teil dieses Buches wurden die Spielleute und ihre Kunst bereits vorgestellt.
Das Sachwörterbuch der Literatur[1] schreibt über sie:
Der »spileman« auch Vagant, Fahrender, Goliarde, ist seit dem 9. Jahrh. und besonders im 12./13. Jahrh. Nachfolger des älteren und ehrwürdigen »Skop« (westgermanische Gefolgsschaftssänger der Helden- und Preislieder) einerseits und des Gauklers, Possenreißers andererseits. Seine Stoffe nimmt er aus dem Erbe der mündlich überlieferten Heldenlieder, den spätantiken Quellen und der zeitgenössischen Geschichte und formt sie in seinen besonderen Stil um …
Die Spielleute legten sich oft »sprechende«, skurrile Beinamen zu, wie z. B. im deutschen Sprachbereich »Hanswurst«, »Arschwurst« u. ä. Auch »guillare«, die Bezeichnung des italienischen Spielmanns, ist zotigen Ursprungs. Ebenso ist der bekannte Spielmannsname »Till Eulenspiegel« oder »Dil Ulenspegel« ein sog. Rebus, ein Bilderrätsel: Eule und Spiegel standen für »ulen« (= wischen) und »spegel« (= Hinterteil), also wörtlich übertragen »Wisch mir den Hintern«!
Ein »spileman« – sehr selten auch ein »spilwib« – trat meist als »Einzelkämpfer« auf, spielte und erzählte seine »rispetti« oder »contrasti«. Das sind lustige, oft auch aufrührerische Dialoge oder Szenen, in denen zahlreiche Typen auftraten, die er alle allein darstellte.
Die Spielleute waren Schauspieler, Sänger, Gaukler, die ihre Texte vor dem Publikum improvisierten, aber selten niederschrieben.
Dies wurde von literarisch interessierten Leuten besorgt, die Spielmannserzählungen und Schwänke zusammentrugen, eigene Dichtungen im Stile der Spielleute hinzufügten und als Geschichtensammlungen herausgaben. So ist z. B. Herrman Bote, Ratsschreiber zu Braunschweig, der vermutliche Verfasser und Herausgeber des berühmten Volksbuches »Ein kurtzweilig Lesen von Dil Ulenspegel«[2], das 1515 erstmals gedruckt wurde.
Es gibt noch viele Herausgeber von Schwänken und Schalksgeschichten, und oft findet man die gleiche Erzählung etwas abgewandelt in mehreren Geschichtensammlungen, wie z. B.
»Das Rollwagenbüchlein«[3] von Jörg Wickram (1555), »Schimpf und Ernst«[4] von Johannes Pauli (1522), »Katzipori«[5] von Michael Lindener (1558), »Facietae«[5] von August Tünger (1486), »Gartengesellschaft«[5] von Jacob Frey (1562) u.v.a.
Ihrerseits verwendeten die Spielleute sicherlich auch die gedruckten Geschichten und Schwänke als Vorlagen, wandelten sie ab, übernahmen die Motive der Erzählungen und flochten sie in andere ein, und erweiterten so fortwährend ihren Fundus an Geschichten und Schnurren.
Ruggero Pugliese, ein italienischer Spielmann im 13. Jahrh., zählt in einem Lied auf, was ein guter Spielmann alles können muß: den Hof machen, das Publikum beschreien, gut Geschichten erzählen, spitzfindig sein, schwindeln, gut rechnen, spotten über die Spötter, die Gesetze der Gesetzesbrecher brechen, beim Kartenspiel mogeln, Serenaden hudeln, und dabei mit dem Auge zwinkern, falsches Latein sprechen, richtiges Griechisch, das Falsche richtig erscheinen lassen und das Richtige falsch. Ein wahrer Spielmann ist also zweideutig und steht stets im Widerspruch zu den bestehenden Werten.[6]
Und mit diesem Wissen und Können stiegen also die

[1] Sachwörterbuch der Literatur, Gero Wilpert; Kröner Verlag
[2] erschienen im Reclam-Verlag, Stuttgart
[3] erschienen im Insel-Verlag,
[3] erschienen im Insel-Verlag,
[4] erschienen in Verlagsbuchhandlung Stubenrauch, Berlin 1924
[5] erschienen in Schwäbische Verlagsgesellschaft, Wurmlingen
[6] Zitiert nach Dario Fo, Kleines Handbuch für Schauspieler; Verlag der Autoren.

Spielleute auf einen Verkaufstisch, eine Bank oder ein kleines Podium und riefen den Zuschauern zu:

Kommt herbei Leute, der Spielmann ist da! Till Eulenspiegel bin ich genannt, der Geschichtenerzähler, der euch zum Lachen bringt ... Kommt herbei Leute, ich erzähl' euch Geschichten, Geschichten von Till Eulenspiegel, dem Schalksnarren, der den Herren das Fürchten und den Bauern das Lachen lehrt! Lachen tötet die Furcht, kommt herbei Leute, ich bin der Hanswurst, der euch ein Licht aufsteckt in dieser dunklen Zeit ...!

... so oder ähnlich versammelten die Geschichtenerzähler und Spielleute seit dem frühen Mittelalter auf den Straßen und Plätzen ihre Zuschauer ...

... so beginne ich meine Erzählprogramme – auf der Straße oder auch auf der Bühne – in der Figur des Spielmannes und Geschichtenerzählers Till Eulenspiegel.

Durch das Studium zahlreicher Quellen – meist nur kurze Eintragungen in Tagebüchern, Vermerke in Chroniken, Berichte über Berichte –, durch die Auswertung zeitgenössischer Bilder und Stiche, vor allem aber durch die genaue Analyse der schriftlich überlieferten Spielmannsgeschichten, versuchte ich der Erzähltechnik der Spielleute »auf die Spur« zu kommen.

Die Spielebenen der Geschichtenerzähler

Diese Spielleute und Geschichtenerzähler spielten, erzählten, sangen und agierten sozusagen auf drei Ebenen:

1. Ebene: Der Spielmann und Geschichtenerzähler.
Sie stellten sich zunächst als Spielmann, als Geschichtenerzähler vor, deuteten den Inhalt ihrer »storys« an und nannten ihren Namen, der meist identisch war mit dem Helden ihrer Geschichten. Während der Erzählung wandten sie sich als Spielmann direkt an die Zuschauer, buhlten um sie mit Komplimenten und kommentierten die Geschichte, bzw. führten sie als eine Art Conférencier weiter. In dieser Ebene spielt der Geschichtenerzähler durchgehend »a parte«, eine vierte Wand existiert naturgemäß nicht.

2. Ebene: Die Heldin oder der Held der Geschichte.
Nahtlos schlüpften die Spielleute aber auch während der Erzählung in die Rolle des Helden, z. B. Till Eulenspiegel, und verkörperten die Figur mit all ihren liebenswerten, aufrührerischen und zotigen Reden und Ideen. In dieser Ebene kann die Rollenfigur mit geschlossener vierten Wand spielen, sie aber auch jederzeit öffnen, um eine Solidarisierung mit dem Publikum anzustreben.

3. Ebene: Alle Leute, die dem Titelhelden begegnen.
Traf dieser Held im Laufe der Erzählung auf andere Personen, z. B. auf Pfarrer, Bauern, Fürsten, so wurde nicht nur von diesen erzählt, sondern sie wurden »leibhaftig« durch Körperschwerpunkt und Emotion klar gezeichnet und im Kontrast zum Titelhelden dargestellt. Diese Szenen werden ausschließlich mit vierter Wand gespielt.

Meist lesen sich die überlieferten Spielmannsgeschichten, wie z. B. ***»Ein kurtzweilig Lesen von Dil Ulenspegel«*** sehr »trocken«, und man kann sich eigentlich nicht vorstellen, daß hierbei die Zuschauer mit offenem Mund den Geschichten zuhörten und daß viele Spielleute von den Mächtigen verfolgt wurden, weil sie aufrührerische Gedanken verbreiteten.

Um davon eine Vorstellung zu geben, wie diese Geschichten mit Gestik und Mimik, mit Körperschwerpunkten und Emotionen »verlebendigt« und einem staunenden Publikum erzählt wurden,soll nun stichwortartig nachvollzogen werden, wie die Spielleute ihre Geschichten aller Wahrscheinlichkeit nach aufbereiteten:

Der Spielmann stellt sich also vor:

»... *Till Eulenspiegel bin ich genannt ...*«, führt die Zuschauer in die Geschichte ein

»... *da kam Till Eulenspiegel eines Tages in ein kleines fränkisches Dorf ...*« und beschreibt den Schauplatz

»... hier der Marktplatz mit dem Brunnen, eine kleine Kirche, etwas größer daneben das Pfarrhaus ... im Schatten der Kirche steht Till ...«

Nun schlüpft er in die Rolle des Till:

»Warte Pfaffe, bald wirst du ein echtes Wunder erleben ...«

Er wendet sich wieder als Geschichtenerzähler an das Publikum: *»Vor der Tür des Pfarrhauses lärmen vier Blinde ...«* und zeichnet nun fast ohne Übergang durch blitzartige Veränderung der Körperhaltung den ersten Blinden, der sehr dickleibig ist. Durch ähnliche schnelle Wechsel im Körperschwerpunkt entstehen die anderen drei Blinden, ein quengelnder Schreihals, ein alter, zahnloser Bettler und ein junger Mann, den man als Strafe für ein Verbrechen geblendet hat. Dies alles erfährt der Zuschauer durch das Gespräch der Blinden untereinander, immer wieder unterbrochen von dem Bettelruf *»... ein Almosen für die Blinden«.*

Wieder als Erzähler: *»Die Tür des Pfarrhauses öffnet sich ...«*

Mit einer Drehung, die durch die pantomimische Darstellung der Tür notwendig wird, erscheint der feiste Pfarrer:

»Wer schreit hier denn so und stört mich beim Mittagsschla ... äh gebet? Verschwindet, hier gibt es nichts zu schnorren für euch!«

Eine Körperdrehung mit der pantomimischen Tür und der Pfarrer verschwindet wieder.

Durch Veränderung der Körperhaltung wieder als Till:

»Na warte, du geiziger Pfaffensack! Dich werd' ich Barmherzigkeit lehren!«

Nun tritt der Spielmann als Erzähler an die Rampe und wendet sich direkt ans Publikum: *»Ihr wißt ja, was die Pfarrer predigen!«* Nun imitiert er einen Pfarrer – verkörpert ihn aber nicht – durch verstellte Stimme: *»Lüübet öire Nöchsten wü üch müüch sölbst!«*

Da unterbricht ein Blinder den Geschichtenerzähler und ermahnt ihn, nicht so lange zu reden, sonst würden die Zuschauer weglaufen. Der Spielmann antwortet, Till Eulenspiegel greift ein und die Geschichte geht weiter ...

Der Mikrokosmos einer kleinen mittelalterlichen Ortschaft mit seinen Einwohnern und all ihren liebens- und verdammenswerten Eigenschaften entsteht vor den Augen der Zuschauer.

Dabei hat der Spielmann keinerlei Hilfsmittel in Form von Kulisse, Beleuchtung oder Kostümwechsel zur Verfügung: Ein leeres Podium, vielleicht ein Hocker, der Erzähler im abgerissenen Rock des Spielmannes, das ist alles!

Um eine Geschichte plastisch, lebendig und sozusagen »augenscheinlich« darbieten zu können, muß der Geschichtenerzähler den Blick des Zuschauers, seine Aufmerksamkeit und seine Phantasie lenken und ihn animieren, die »Optik des Betrachtens« zu wechseln, d.h. in seinem Auge und in seinem Kopf sozusagen nach Bedarf ein »Teleobjektiv« oder ein »Weitwinkelobjektiv« einzusetzen:

Er läßt eine Landschaft auf den Bühnenbrettern entstehen und am Horizont Menschen auftauchen, er lenkt den Blick auf die Figur des Helden und dann wieder auf den wertvollen Ring an der Hand des Pfarrers.

Die Veränderung der »Betrachtungs-Optik« des Zuschauers

Wenn man die Spielweise eines Geschichtenerzählers genau betrachtet, kommt man zu der verblüffenden Feststellung, daß der Spielmann schon vor Jahrhunderten durch seine Kunst den Zuschauer zu Sichtweisen zwang, die der Aufnahmetechnik der Filmemacher sehr ähnlich sind – ohne etwas von »Einstellung«, von »establishing shot« oder von »Halbtotale« gewußt zu haben.

So wie im Film die Aufmerksamkeit der Zuschauer durch die Kameraeinstellung gelenkt wird, so wie ein Dialog optisch durch »Gegenschuß« gestaltet wird, so lenkt auch der Geschichtenerzähler den Blick seines Publikums auf die Bereiche seiner Geschichte, die im Augenblick der Erzählung wichtig sind.

Nur durch die ständige Veränderung der »Betrachtungs-Optik« und der damit verbundenen Veränderung des »Atems« und des Rhythmus der Erzählung ist es möglich, daß ein Erzähler – dessen Person vom Zuschauer ja stets als Ganzes gesehen wird – sein Publikum zwei Stunden lang in Bann schlägt.

Zum besseren Verständnis der Arbeitsweise und Erzähltechnik eines Spielmanns sollen die wichtigsten Begriffe der Filmemacher und die adäquate Spielweise der Geschichtenerzähler vorgestellt werden.

Die Szenen und Texte sind aus verschiedenen Spielmannsgeschichten entnommen.

EINSTELLUNG. *Ursprünglich entsprach eine Einstellung einer Szene, das heißt, ein Einstellungswechsel bedeutete fast immer auch einen Kulissenwechsel.*

Erst die revolutionären Neuerungen D. W. GRIFFITHS ... führten dazu, daß man sich der Einstellung als dem wichtigsten Bauteil eines Filmes bewußt wurde. Üblicherweise ist heute eine Einstellung etwa fünf bis fünfundzwanzig Sekunden lang. ... Lange starre Einstellungen vermögen noch immer das Publikum zu aggressiven Reaktionen zu provozieren, da dieses so lange auf eine Sehweise des Abtastens kurzer Einstellungen konditioniert war, daß die Anforderung, einzelne wirklich anzuschauen und in Gänze zu erfassen, als physische Zumutung empfunden wird.1

Im Vergleich Kino – Theater werden dem Theater meist die »physische Zumutung« zugeteilt, eine Geschichte »in einer oder nur wenigen Einstellungen anzuschauen und in Gänze zu erfassen«.

Ebenso ist auch das Rezitieren und Erzählen von Geschichten oft vom Problem der »langen und starren Einstellung« belastet und kann den Zuschauer schnell ermüden. Griffiths hat durch seine »revolutionären Neuerungen« intuitiv für den Film die Betrachtungsweise des Zuschauers wieder eingeführt, die die Spielleute seit Jahrhunderten pflegten, die aber als »unfein« und keineswegs der »moralischen Anstalt« des aristokratisch-bürgerlichen Theaters entsprachen.

Aber nicht von ungefähr war auch das frühe Kino ein Kind des Jahrmarkts und wurde unter die niederen Unterhaltungskünste eingereiht. Hiermit dürfte sich der Kreis wieder geschlossen haben!

MASTER SHOT oder ESTABLISHING SHOT. Filmdramaturgisch eine EINSTELLUNG meist in TOTALE oder HALBTOTALE zu Beginn einer Sequenz, die einen allgemeinen Überblick über Lokalität, Personal und Situation gibt.[2]

Auch der Spielmann muß dem Zuschauer am Anfang seiner Erzählung einen allgemeinen Überblick geben:

»... Ein Tag wie ein Fest! Eine liebliche, sanfthügelige Landschaft ... In der Ferne die Türme der Stadt ...

Die weißen Mauern des Klosters strahlen mit dem blauen Himmel um die Wette.

Übergang in die HALBTOTALE: *»... Viel Volk aus den umliegenden Ortschaften ist zusammengeströmt, um zuzusehen, wie der berühmte Meister Mathis, der Maler, seine Bilder aus der biblischen Geschichte an die weißen Wände der Klostermauern malt.«*

Die Zuschauer werden mit der Gegend bekannt gemacht, aber auch mit der Grundstimmung der Geschichte. Wichtig ist beim ESTABLISHING SHOT der »Atem«, die Emotion der Landschaft, die die Landschaft düster oder heiter darstellt.

Die Spannung in der Erzählung kann gesteigert werden, wenn diese Emotion im Kontrast zum Inhalt steht, wenn über eine heitere, friedliche Landschaft schreckliche und grausame Dinge hereinbrechen oder in einer unwirtlichen Gegend eine tröstliche Geschichte geschieht.

TOTALE (LONG SHOT). Eine Einstellung, bei der eine gesamte Szenerie im Bild erfaßt wird.

Der Spielmann erklärt, beschreibt und malt mit den Händen eine Landschaft. Dabei steht er meist mit dem Rücken zum Publikum und betrachtet gemeinsam mit ihm die Landschaft, deutet auf markante Punkte und führt so den Blick des Zuschauers. Durch kurzzeitigen

[1] Bawelen u. a., rororo Filmlexikon Bd.1; Hamburg

[2] Begriffserklärungen aus: Monaco James; Film verstehen; Hamburg

Blickkontakt vergewissert er sich der Aufmerksamkeit des Publikums.
BEISPIEL: *»… auf meiner Suche nach Arbeit kam ich in ein liebliches Tal. Die Häuser des kleinen Dorfes ducken sich zwischen den Obstbäumen.«*
Er deutet die Richtung an, dann mit Körperdrehung zum anderen Teil der Bühne: *»… Die Burg des Patrons wirft lange Schatten über das Tal …«*
Wendung zum Publikum: *»… Die reifen Ähren auf den Feldern warten darauf, geerntet und verteilt zu werden, die schlechten ins Kröpfchen der Leibeigenen, die guten ins Töpfchen des Herrn. Ihr kennt das ja!«*
HALBTOTALE (FULLSHOT). Eine Einstellung, die eine Person oder Gruppe in ihrem Umfeld zeigt.
Der Geschichtenerzähler grenzt den Ort des Geschehens ein, indem er den Schauplatz in der HALBTOTALEN zeigt. Burg, Dorf und Berg sind nur noch Hintergrund. Ein Bauer kommt »ins Bild«, wird begrüßt und geht wieder, ein Stein am Wegrand dient als Sitzplatz, die Sonne scheint … Der Ort der Handlung ist klar vorgestellt, die Geschichte kann sich entwickeln.
Die Einstellung der TOTALEN UND HALBTOTALEN muß natürlich nicht immer in der gleichen Art präsentiert werden: In einer »Mischform« spielt der Geschichtenerzähler körperhaft die Titelperson und stellt sie damit in die vorgestellte Landschaft.
Die Sprache bleibt aber »neutral« die des berichtenden Spielmanns: *»… November, Landstraße, es regnet und stürmt, es ist kalt … Till Eulenspiegel auf der Landstraße; er hat noch immer die dünne, zerrissene Narrenjacke an …«*
Bei dieser Variation läuft der Geschichtenerzähler pantomimisch, versucht sich in seine dünne Jacke einzuhüllen und den Kragen hochzustellen und wischt sich den imaginären Regen aus dem Gesicht.
AMERIKANISCHE EINSTELLUNG. Sie zeigt die Personen etwa vom Scheitel bis zu den Knien – sogenannt, weil sie im Western unter dem Revolver abschließt, aber auch allgemein im amerikanischen Actionfilm bevorzugt wird.
Diese Einstellung sollte unverwechselbar der Person des Spielmanns vorbehalten sein. In diesem »Bildausschnitt« kann er sich als Koordinator und Kommentator der Geschichte am besten an das Publikum wenden und kann auf diese Weise sein Spiel besser von dem des Titelheldes oder dem der anderen Rollen abgrenzen. Mimik und Gestik sind »alltäglich«, d. h. sie sind nicht eigenständig, sondern unterstreichen nur gestisch und mimisch den gesprochenen Text. Der bespielte Raum umfaßt Kopf, Oberkörper und Arme.
NAHAUFNAHME. Einstellung, bei der zum Beispiel Personen mit einem Teil ihres Körpers (etwa bis zur Hüfte) sichtbar sind.
GROSSAUFNAHME (CLOSEUP). Sehr nahe Einstellung, die zum Beispiel nur den Kopf des Schauspielers zeigt.
DETAILAUFNAHME. Einstellung, die nur einzelne Gegenstände, zum Beispiel eine Hand, ein Auge, eine Tasse wiedergibt.
Will der Spielmann die Aufmerksamkeit und den Blick der Zuschauer auf seinen Oberkörper oder sein Gesicht lenken, müssen seine Füße absolut ruhig stehen. Der Körper ruht im Becken.
Steht der Spielmann in dieser Szene, wird die Tatsache, daß er steht, aus dem Blickfeld des Zuschauers genommen, wenn er in die »klassische Haltung« von Standbein – Spielbein geht, d. h. das entspannte Spielbein vor das Standbein stellt, verbunden mit einer leichten Seitwärtsdrehung des Beckens.
Sitzt der Spielmann in NAHAUFNAHME, so ist seine Haltung möglichst neutral und vermeidet jegliche Typisierung durch die Sitzhaltung. Nur die Arme, der Oberkörper und das Gesicht »spielen«.
Selbstverständlich unterscheiden sich auch die Lautstärke und die Intensität, mit der die Texte gesprochen werden, z. B.in der NAHAUFNAHME von der der TOTALEN. Ist sie in der letzteren lautsprecherisch und marktschreierisch, so wird die Stimme am Tisch in der HALBTOTALEN weniger laut sein, weil sie szenisch ja nur den Raum um den Tisch umfaßt. Im Selbstge-

spräch der DETAILAUFNAHME wird der Zuschauer nur »zufällig« Zeuge dieser fast geflüsterten oder gemurmelten Worte.
BEISPIEL: Der Erzähler sitzt z. B. als Till am pantomimisch dargestellten Tisch, beschreibt aber mit neutraler Stimme die Positionen des gedeckten Tisches:
»... und die Wirtin trug auf, Schinken, Eier, Käse, Braten und Wurst. ... und Till begann zu futtern ...«
Der Geschichtenerzähler sitzt dabei auf seinem Hocker, stützt aber bequem seine Arme auf die imaginäre Tischplatte.
Nun sieht das Publikum den essenden Till in GROSSAUFNAHME:
Der vollgestopfte Mund, das genüßliche Kauen, die lachenden Augen.
Die Hände stopfen die Speisen in den Mund, bleiben auf Brusthöhe stehen und betonen damit das Gesicht. Der vorgestreckte Oberkörper zeigt den Tisch, lenkt aber gleichzeitig die Aufmerksamkeit auf das Gesicht.
Geht der Spielmann in die DETAILAUFNAHME über, heben sich Hände und Finger zum Gesicht, die Augen schielen fast auf den pantomimisch dargestellten Gegenstand, z. B. einen Ring, der vor dem Gesicht gehalten wird.
Nun wird auch noch die Bewegung der Finger und Hände »eingefroren«. Sie fungieren so als Wegweiser auf den Gegenstand.
Hierzu können als Training die Elementarübung mit der Papierkugel und die Übungen zu BLICK – ATEM – NEIGUNG empfohlen werden: »Nicht zeigen, daß man schaut, sondern schauen.«
Durch das Senken der Stimme und die Verkleinerung der Gesten zwingt der Erzähler das Publikum zu größerer Aufmerksamkeit und Konzentration. Die Zuschauer strecken sozusagen die Hälse, um zu sehen, was so klein dargestellt wird und akzeptieren damit auch diesen winzigen Gegenstand.

BEISPIEL: In einer boshaften Geschichte über einen Fürstbischof läßt sich der Spielmann in der Rolle des Bischofs von imaginären Dienern den Bischofsstab reichen und seinen kostbaren Mantel um die Schultern legen (HALBTOTALE). Nun hebt er die Hand zum Segnen. Dabei fällt sein Blick auf seinen kostbaren Ring. Er führt die Hand zum Gesicht und betrachtet ihn liebevoll – Übergang von GROSSAUFNAHME zur DETAILAUFNAHME und wieder zurück zur HALBTOTALEN:
»... es segne Euch der Allmächtige und bewahre ... den Ring ... trage ich am liebsten. Wie der glänzt, dieser Rubin! ... war ja auch teuer genug ... hab drei Dörfer und siebzig Leibeigene dafür abgegeben ... und bewahre euch eure Demut und eueren Glauben ...!
GEGENSCHUSS. Ein dramaturgisches Mittel zur bildlichen Auflösung, zum Beispiel einer Unterhaltung, wobei abwechselnd die beiden Partner – sprechend oder reagierend – gezeigt werden.
Die Technik der Darstellung einer Unterhaltung zweier Personen durch einen einzigen Schauspieler gab der Zunft der Geschichtenerzähler im Italien der Renaissance den Beinamen CONTRASTI: Sie trugen ihre Erzählungen und die in dieser Zeit sehr beliebten Streitgedichte »im Kontrast mit sich selbst« vor.
Der Geschichtenerzähler bleibt dabei auf der Stelle stehen und verlagert nur das Gewicht von Standbein auf Spielbein und wieder zurück. Diese Verlagerung ist jeweils mit einer leichten Drehung des Oberkörpers verbunden. Eine Veränderung des Spielortes durch Hin- und Herlaufen, um den Dialog sichtbar zu machen, wäre keine Verdeutlichung, sondern hätte nur einen äußerst komischen Effekt.
Grundposition: Die Spielerin oder der Spieler sollten zu Beginn der Darstellung eines Dialogs zunächst frontal zum Publikum gewendet stehen, da man sonst durch die nun folgenden schnellen Körperdrehungen in Gefahr gerät, den Zuschauern den Rücken zuzuwenden. Erst nach einiger Übung wird es der Spielerin oder dem Spieler möglich sein, den Ort des Dialogs zu verlagern.
Position A: Aus der Grundposition wechselt der Spieler nun die Standbein-Spielbein-Haltung: Er steht auf dem

rechten Bein als Standbein, das linke Bein ist entspannt. Die linke Schulter dreht sich nach hinten; damit öffnet sich der Blick und der Brustkorb nach links in die Diagonale. Er kann die imaginäre Person links neben ihm wahrnehmen.

Übergang von Position A nach Position B: Nun wird das Körpergewicht auf die Zehenballen *verlagert,* ohne daß der Körper auf die Zehenballen *gehoben* wird; Gleichzeitig dreht man auf dem belasteten Zehenballen den Körper nach rechts. Die Knie sind dabei locker und nicht durchgedrückt.

Position B: Der Spieler steht nun auf dem linken Bein als Standbein, das rechte Bein ist entspannt. Der Blick geht diagonal nach rechts, und er nimmt den imaginären Gesprächspartner, der auf der Position A steht, wahr.

Die Positionen A und B werden jeweils mit dem Körperschwerpunkt der Rollenfiguren, die sich unterhalten, eingenommen.

Der Übergang ist unauffällig und sehr schnell und muß »neutral« – ohne Körperschwerpunkt – unternommen werden. So wird ein schneller Wechsel der Personen deutlich, und der Zuschauer glaubt der Unterhaltung zweier Personen zuzusehen.

Je nach dem Grad der Körperdrehung nach links oder rechts stehen die Personen für den Zuschauer mehr nebeneinander oder hintereinander. Mit dieser Technik kann man nun auch mehrere Personen miteinander sprechen lassen.

BEISPIEL (Ein schriftlich überlieferter Spielmannsscherz aus dem Jahre 1520):

Position A im Körperschwerpunkt von Till Eulenspiegel – Wendung nach links: »Hochwürden, ich habe eine Frage ...« Blitzschneller Wechsel in Position B in den Körperschwerpunkt eines dicken, gemütlichen Pfarrers – Wendung nach rechts : »Sprich, mein Sohn!« Übergang wieder in Position A als Till: »Wo auf Erden ist Gott nicht? Übergang in Position B als Pfarrer: »Wahrscheinlich in deinem Herzen, Spielmann!« Wechsel in Position A als Till: »Nein, Hochwürden, in Rom, dort hat er einen Stellvertreter!« Wechsel in Position B: Der Pfarrer lacht, kapiert aber dann den Witz und bricht das Gelächter ab. Wechsel in Position A: Till schaut den Pfarrer an, wendet sich dann langsam zum Publikum, öffnet mit einem Grinsen die vierte Wand und geht pfeifend ab.

PARALLELMONTAGE. Zwei getrennte, meist inhaltlich zusammenhängende Handlungen, die ineinandermontiert sind und oft zu einer rhythmischen Kulmination führen; zum Beispiel eine Verfolgungsjagd, bei der zwischen Jäger und Gejagtem hin und her gesprungen wird.

Für den Spielmann bedeutet dies eine schwierige , aber sehr reizvolle Darstellungsform zweier Rollenfiguren, z. B. während eines Spaziergangs, eines Tanzes oder eines Kampfes.

Dies ist nur möglich durch einen blitzschnellen Wechsel des Körperschwerpunktes, ohne daß der Bewegungsablauf des Laufens oder Tanzens unterbrochen wird.

Diese Bewegungsabläufe können nun noch durch die allgemein bekannten Techniken der ZEITLUPE (verlangsamte Bewegung) oder des ZEITRAFFERS (beschleunigte Bewegung) variiert werden.

Besonders die ZEITRAFFER-TECHNIK ist eine reizvolle Form der Wiederholung und Verdeutlichung: Der Spielmann berichtet z. B. in der Figur des Titelhelden mit Gesten, Mimik und Text einer anderen Rollenfigur über ein Ereignis. Nun erzählt er die gleiche Geschichte einer zweiten und dritten Rollenfigur und steigert dabei das Tempo. Schließlich wendet er sich als Spielmann an das Publikum und wiederholt mit der ironischen Bemerkung »für die, die nicht begriffen haben, was Till gesagt hat« die Beschreibung des Ereignisses in sehr schnellem, aber präzsem Zeitraffer.

Erarbeitung einer Spielmannsgeschichte

Nun soll eine Geschichte aus der Sammlung »Schimpf und Ernst« von Johannes Pauli aus dem Jahre 1522 als Vorlage für eine Spielmannsgeschichte dienen.
Selbstverständlich wird nun der Schalksnarr Till Eulenspiegel statt des Bauern sprechen und den Bischof »überdisputieren«, da in allen meinen Geschichten Till als Titelheld auftritt. Auch der Umbau einer Geschichte auf den »eigenen« Titelhelden ist Tradition der Spielleute.
Ein wesentlicher Teil der Erarbeitung einer Spielmannsgeschichte ist das STORY BOARD (= eine zeichnerische Auflistung der verschiedenen Einstellungen), um sich noch vor der Probenarbeit zusammen mit dem Text auch die jeweilige beabsichtigte Betrachtungs-Optik der Zuschauer einzuprägen und sich damit »selbst auf der Bühne zu sehen«.

Von Schimpff das 158.
Den Bischoff überdisputiert ein Paur.
Es reit uff einmal ein Bischoff über Feld wol mit 40 Pferden, der sach ein Bauren zu Acker gon, der ließ den Pflug stohn und lent sich uff den Stecken und sach den Reuttern zu. Der Bischoff reit zu ihm und sprach: »Lieber, sag die Wahrheit, was hastu gedacht, da du mich mit meinem Zug sahest reiten?« Der Buer sprach: »Her, ich hab gedacht, ob Sant Kilian zu Würtzburg auch also sei geritten mit 40 Pferden.« Der Bischoff der sprach: »Ich bin nit allein ein Bischoff, sunder auch ein weltlicher Fürst. Jetz sichstu ein weltlichen Fürsten. Willtu ein Bischoff sehn, so kum uf unser Frawen Tag gen Würtzburg, so würstu ihn sehen.« Da fing der Buer an zu lachen. Der Bischoff sprach, was er lacht. Der Buer sprach: »Wan der Fürst des Tüffels würt, was thut der Bischoff darzu?« Da reit der Bischoff von im und het sein gnug.[1]

Nach der obligatorischen Einladung der Zuschauer, nach dem »Anreißen« des Publikums, nach der Vorstellung des Namens beginnt der Spielmann mit der raffinierten Inhaltsangabe, die neugierig macht, aber nichts verrät:
»Kennt Ihr die Geschichte, die sich zugetragen hat, als Till in Bamberg war und den Fürstbischof traf? Was gibt's denn da zu lachen, wenn ich Bamberg sage?
Ihr kennt die Geschichte natürlich nicht! Sonst würdet ihr ja nicht stehenbleiben!«
Vielleicht entwickelt sich noch ein kurzes, lustiges Streitgespräch mit einem Zuschauer, das der Spielmann mit dem Hinweis beendet, daß keiner weggehen dürfe, bevor er nicht ein Geldstück in den Korb geworfen hätte …

Spielebene	**Text, Handlung, »Regie«** (Text ist *kursiv* gedruckt, Handlung und Regie **fett** gedruckt)	**Einstellung**
Spielmann	*… und Till Eulenspiegel kam auch nach Bamberg…Die engwinkeligen Gassen …*	**MASTERSHOT**
	Er baut mit den Händen einen engen Kasten vor die Stirn *… die reichgeschmückten Häuser … die netten Leute …* **TOTALE**	**AMERIKANISCHE**
Till	**Er grüßt als Till** *… meine Verehrung …*	
PASSANT	**Ein Bamberger schaut äußerst mißtrauisch:** *Grüß Gott, was wolln S' denn?*	**HALBTOTALE**

[1] Johannes Pauli; Schimpf und Ernst; Original aus dem Jahre 1522; Faksimile-Druck Stubenrauch Verlagsbuchhandlung 1924

Spielmann	*Der Domberg, das Schatzkästlein Bambergs …* **Mit dem Rücken zum Zuschauer zeigt er nach rechts …** *die wunderschöne Residenz …* **zeigt zur Mitte** *… die alte Hofhaltung …* **zeigt nach links die Größe des Domes** *… der Heinrichsdom mit dem berühmten Bamberger Reiter … Da hört Till Eulenspiegel Trompetenschall und Pferdegetrappel. Das Tor der Residenz wird geöffnet …*	**TOTALE**
Lakaien	**Er spielt katzbuckelnde Lakaien,die sich mit dem schweren Tor abmühen.**	**HALBTOTALE**
Spielmann	*Ein prächtiger Zug überquert den Domplatz. Der Fürstbischof von Bamberg reitet durch seine Stadt …*	**TOTALE**
	Er reitet nun pantomimisch als Fürstbischof, und winkt nach allen Seiten.	**HALBTOTALE** **NAHAUFNAHME**
	… und Till …	
Till	**langsame Drehung Tills mit Blick zur Position, wo eben der Fürstbischof ritt …**	
	dann ein unbändiges Lachen Tills …	**GROSSAUFNAHME**
Bischof	*Wer lacht da? Man suche den Lacher!*	
Spielmann	*Und man brachte Till Eulenspiegel vor den Fürstbischof …*	**AMERIKANISCHE**
	Nun ein Dialog zwischen dem auf dem Pferd sitzenden Bischof – sein Pferd trippelt unruhig auf der Stelle – und dem nach oben schauenden Till:	**GEGENSCHUSS IN NAHAUFNAHME**
Bischof	*Du hast gelacht während ich vorüberritt! Soll ich deine Zunge an die nächste Haustür nageln lassen?*	
Till	*Nein Herr, meine Zunge brauch ich noch, aber ich mußte einfach lachen!*	
Bischof	*So, und warum?*	
Till	*Ach Herr, ich hab mich gefragt, ob unser armer Herr Jesus auch so prächtig in Jerusalem eingezogen ist – so wie ihr nun durch Bamberg reitet …*	
Bischof	*Der Kerl ist gefährlich, der kann denken! Hör zu, ich bin Fürstbischof, Fürst und Bischof! Nun siehst du den Fürsten … der muß prächtig gekleidet sein … Komm heute nachmittag in den Dom, dann wirst du den Bischof sehen!*	

Spielmann	*Und pünktlich auf die Minute war Till Eulenspiegel im Dom … und der Bischof zog ein …*	**AMERIKANISCHE NAHAUFNAHME**
	Er spielt nun den einziehenden Bischof, nach allen Seiten segnend. **Aus der Körperdrehung heraus werden nun drei Gläubige dargestellt; eine reiche, eitle Bürgerin, ihr selbstbewußter, behäbiger Ehemann und ein fanatisch frommer und ernster Mann:**	**TOTALE**
Bürgerin	*Der Herr Bischof, hast gesehn, er hat mich angeschaut und gelächelt …*	**NAHAUFNAHME**
Bürger	*Ausgerechnet dich, als ob der nichts anderes zu tun hätte … Der kennt schönere Weiber!*	
Bürgerin	*Aber wenn ich' s dir sag. Und Augen hat der …*	
Frömmler	*Könnten Sie einmal ihr Maul halten? Wir sind schließlich in der Kirche!*	
	Wechsel zur Figur des Bischofs. Der Einzug wird durch pantomimisches Gehen auf der Stelle dargestellt. Nun macht der Bischof einen Kniefall und küßt in bekannter Weise den Boden.	**TOTALE**
Bischof	**Suchender Blick; er sieht Eulenspiegel** *Nun Till, hast du nun den Bischof gesehen, wie er demütig den Boden küßt? Begreifst du nun, daß ich beides bin, Fürst und Bischof. Zur Versöhnung schenke ich dir eine große Gnade, um die dich alle beneiden werden …*	**GROSSAUFNAHME**
Till	**Tills Gesicht erhellt sich erwartungsvoll**	**GEGENSCHUSS IN NAHAUFNAHME**
Bischof	*… du darfst meinen Ring küssen.* **Er bietet die Hand zum Ringkuß.**	
Till	**Eulenspiegel betrachtet neugierig und taxierend den Ring:** *Der hat ne Menge Geld gekostet …*	**DETAILAUFNAHME**
Bischof	**Der Bischof lächelt:** *Ja, ich hab ihn für vier Dörfer und siebzig Leibeigene getauscht …*	
	Der Bischof merkt, daß er sich verraten	**GROSSAUFNAHME**

Till und der Fürstbischof

Till Eulenspiegel kam nach Bamberg …

… reichgeschmückte Häuser, nette Leute …

Was wollen S' denn?

Der Domberg, die Residenz …

Das Tor der Residenz wird geöffnet …

Ein prächtiger Zug …

Der Fürstbischof reitet durch seine Stadt …

… und Eulenspiegel lacht

… und man brachte Till vor den Bischof.

Du hast gelacht!

Ich mußte einfach lachen …

Ich habe mich gefragt …

… und der Bischof zog in den Dom ein …

Der Bischof hat mich angschaut! Ausgerechnet Dich!

Könnten Sie einmal Ihr Maul halten!

… und küßt in bekannter Weise den Boden …

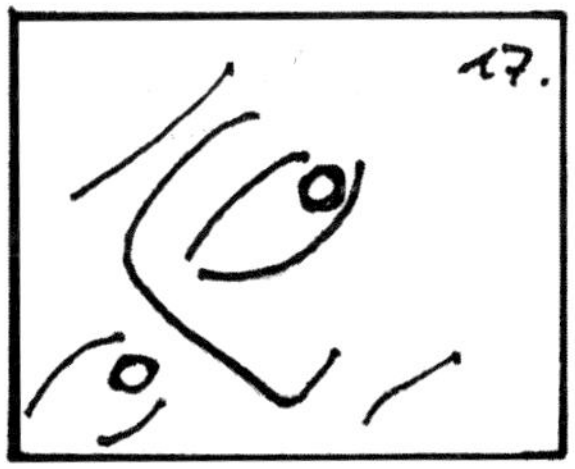

Nun, Till, hast Du den Bischof gesehen?

Jaa, ich sah ihn!…

Der Ring hat 'ne Menge Geld gekostet!

… hab ihn für vier Dörfer getauscht!

Was hast Du denn schon wieder?

Ich muß lachen!

Ich hab mir eben überlegt …

… und Till geht grindend ab!

	hat, sein Lächeln gefriert:	
	Du unverschämter Kerl!	
Till	**Till Eulenspiegel lacht wieder sein unbändiges Lachen ...**	
Bischof	*Was lachst du schon wieder?*	**HALBTOTALE**
Till	*Ach Herr, ich muß lachen.* *Ich hab mir eben überlegt, was der Bischof tut, wenn den Fürsten der Teufel holt.*	

Till grinst ins Publikum und läuft weg.

Bei der schriftlichen Fixierung und beim STORY BOARD dieser Spielmannsgeschichte sind die Raumgesetze, wie z. B. die Wirksamkeit der Diagonalen und Parallelen aus Gründen der Überschaubarkeit außer acht gelassen worden. Diese Gesetzmäßigkeiten, aber auch die Beachtung des Intimkreises und des Abstandes zwischen den handelnden Personen, haben auch bei imaginären Personen eine große Bedeutung und müssen unbedingt beachtet werden, um die Beziehungen zwischen ihnen sichtbar zu machen und imaginäre Räume erschaffen zu können. Die Erarbeitung geschieht dann bei den Probearbeiten.

Die Technik der **»Veränderung der Betrachtungs-Optik beim Zuschauer«** kann selbstverständlich auch bei »normalen« Theaterszenen angewandt werden. Sie ist nicht ausschließlich auf den Spielmann beschränkt! Auch wenn sich viele reale Personen auf der Szene befinden, kann es durch »Einfrieren der im Moment unwichtigen Rollenfiguren« gelingen, den Zuschauer zu einer DETAIL- oder NAHBETRACHTUNG zu animieren.

Beleuchtung und Kulisse sind nur Hilfsmittel und können eine klare Darstellung nur unterstützen, aber nie ersetzen!

Als weitere Vorlagen zur Erarbeitung von »Erzählgeschichten« können die verschiedenen Volksbücher, die Märchen der Brüder Grimm und viele andere Geschichtensammlungen dienen.

Besonders ergiebig sind Sammelbände[1] von Spielmannsliteratur, die zeitlich geordnet eine Auswahl von Geschichten von Stricker (1200–1250), über Heinrich Bebel (1472–1518) bis Johann Peter Hebel (1760 bis 1826) und Gottfried Keller (1819–1890) anbieten.

Die Geschichte von Reineke Fuchs – ein Spielmannstext von Heinrich dem Glîchezâre

Eines der wichtigsten Beispiele überlieferter Spielmannsliteratur ist der mittelhochdeutsche **»Reinhart Fuchs«** am Ende des 12. Jahrhunderts von dem Spielmann Heinrich dem Glîchezâre verfaßt[2].

In echter Spielmannsweise hat er die Geschichte aus dem französischen Kulturkreis übernommen und weiterentwickelt.

»Nun hört die unglaublichen Begebenheiten,
die ganz unerhörte Geschichte,
von der euch der Spielmann
der Wahrheit nach berichtet.
Sein Name ist Heinrich.
Er hat die Überlieferung
von Reinekes List und Isegrimms Drangsal vereinigt.

[1] Schwänke und Streiche – Schelmen- und Narrengeschichten des 13. bis 19. Jahrhunderts – Gondrom-Verlag
[2] Reinhart Fuchs – Reclam Nr. 9819

Wer behauptet , daß sie erlogen sei,
der soll sein Geld behalten ...«

Der Fuchs ist sozusagen das »Wappentier« der Spielleute. Mit dem Fuchs verbinden wir die Vorstellung des Klugen, des Listenreichen; eben des verschlagenen Meisters Reineke. Sein Name bedeutet ja auch »Reinaert – der Ratskundige«. So viel man ihn auch jagt, den verrufenen Hühnerdieb, er lernt aus Erfahrung, und schlägt seinen Jägern stets ein Schnippchen. Im Gelände versteht er es, sich blitzschnell den Blicken zu entziehen und sein Bau ist ein Muster an Regellosigkeit. Dem entspricht Reinekes Bild in der Dichtung; und das Bild, das die ehrbare Gesellschaft von den Gauklern, den Fahrenden hat, ist diesem nicht unähnlich. Er ist ein asozialer Held in einer asozialen Gesellschaft.

»... Hört her auf die unerhörten Geschichten –
die dennoch ganz zuverlässig sind –
von einem außergewöhnlichen Tier;
daran kann man sich
in vielerlei Hinsicht ein Beispiel nehmen.
Es richtet sein Sinnen und Trachten
auf Betrug und schlaue Winkelzüge,
weshalb es oft in Bedrängnis geriet.
Sein Name ist Reineke Fuchs ...«

Indem der Löwe zum König Nobel und die anderen Tiere, der Bär Braun, der Widder Bellin, der Affe Martin , der Wolf Isegrimm zu edlen Rittern gemacht werden, die auf Burgen hausen und zum Hoftag zusammenkommen, wurde der schlaue Fuchs zum »schlauen Umwender aller höfischen Sitten und entlarvte so die eben erst kunstvoll errichtete höfische Welt mit ihrem Minneideal als Schein«[1].

Die Komik der Erzählung beruht auf der Übertragung bekannter menschlicher Verhaltensweisen auf tierische Charaktere, wodurch es für den Spielmann leicht wurde, den Zuhörern »ein Licht aufzustecken in dieser dunklen Zeit« und die politische Wahrheit zu sagen, ohne die Herrschenden direkt anzugreifen.

»... So geht es auch heute noch jeden Tag:
Wer das Bestechungsgeld zahlen kann,
erreicht mehr,
als wenn er sein Heil darin sucht,
das Gebot des Herren treu zu besorgen ...«

»... Es ist weiß Gott eine Schande,
daß viele Betrüger bei Hof geachteter sind
als ein Mann, der nie mit Falschheit auftrat ...«

Selbst wenn der Text sehr aufrührerisch wird, kann man dem Spielmann wenig anhaben, denn er nennt sich ja selbst einen Glîchezâre, einen Lügner, einen Gleißner, einen Geschichtenerzähler. Mit Selbstironie läßt er einmal den König Nobel sagen:
»Ach, der Fuchs tischt doch nur Lügen und Frechheiten auf! Los, hängt den üblen Glîchezâre auf!«
und vermischt so auf raffinierte Weise seine Person mit der Figur des Fuchses.

Die wichtigste Aufgabe der Spielleute war einerseits das **»fere rire«**, das Zum-Lachen-Bringen, andererseits aber auch der »Fingerzeig« auf die Mißstände der Gesellschaft.

Und so wurde die Geschichte vom schlauen Fuchs, der sich vor dem Galgen rettet und schließlich Kanzler wird, weil er dem habgierigen Herrscher von einem erfundenen Schatz erzählt, immer wieder abgewandelt und erweitert von den Spielleuten, den Jongleurs, den Guillari, den Menestrels.

In meiner neu bearbeiteten Spielmannsgeschichte habe ich den Namen »Reinhart« in den bekannteren »Reineke Fuchs« geändert und zusätzlich zum Text von Heinrich dem Glîchezâre das niederdeutsche Volksbuch »Reinke de vos« aus dem Jahre 1498 verwendet und einige Fabeln von Äsop »eingebaut«.

Diese Geschichte ist für einen Geschichtenerzähler be-

[1] zitiert aus dem Nachwort zu »Reinhart Fuchs«; Reclam; Hrsg. Göttert

sonders reizvoll, weil er bei der Darstellung der zahlreichen Tiere, verbunden mit dem jeweiligen Charakter, »glänzen« kann und dabei auch noch improvisierend und extemporierend auf das Publikum eingehen kann.
E. Trunz schrieb in der Ausgabe des Goetheschen »Reineke Fuchs«: »Reinke de vos« ist mittelalterliche Volksdichtung. Es gibt keinen eigentlichen Dichter, sondern nur Bearbeiter. Jeder nimmt den Stoff schon geformt auf und formt ihn um, so wie er es für seine Zeit zum besten findet.«[1]

[1] zitiert aus dem Nachwort zu »Reinhart Fuchs«; Reclam; Hrsg. Göttert

12. »Der Clown ist ein handelnder Dichter« – oder die Kunst ein Clown zu sein

»Der Clown ist ein handelnder Dichter.
Er selbst ist die Geschichte, die er spielt …
Der Clown öffnet eine winzige Lücke in der Arena der Vergessenheit. Für eine kurze Spanne dürfen wir uns verlieren, uns auflösen in Wunder und Seligkeit, vom Geheimnis verwandelt …«
Henry Miller[1]

Die Familie der Lustig-Macher

Über die Geschichte und Entstehung des Clowns gibt es so viele Veröffentlichungen, daß an dieser Stelle ein kurzer Abriß genügen soll:
Der Clown, so wie wir ihn kennen, ist in der Manege des Zirkus geboren. Die Bezeichnung **»Clown«** für die »Lustige Person« hat sich um das Jahr 1850 eingebürgert, obwohl schon Shakespeare diesen Namen für die Tölpel und Rüpel in seinen Dramen verwendet. **Grimaldi** war in England der erste »moderne« Clown.
Tom Belling soll in viel zu großem Frack, mit struppiger Perücke und roter Nase in die Manege des Berliner Zirkus Renz gestolpert sein. Das Publikum gröhlte vor Vergügen … und dann soll jemand von der Galerie gerufen haben: »Aujust! Dummer Aujust!« Der Name blieb, und eine neue Clownfigur war geboren.
Aber die Figur des Clowns ist viel, viel älter:
Sie hat ihren Ursprung bei den griechischen Histrionen, beim römischen Spaßmacher, dem Centunculus (= Hundertfleck) und beim weißgeschminkten Maccus, dem Mimus albus, nach dessen Vorbild die Mimen und Spaßmacher sich noch heute das Gesicht weiß bemalen …
In den Mysterienspielen des Mittelalters schminkten sich die Darsteller der Armen Seelen in der Vorhölle die Gesichter weiß und die Ohrläppchen rot, und auf dem kahlen Kopf trugen sie drei rote Haarbüschel, die die Flammen des Fegefeuers versinnbildlichen sollten. Sie fochten groteske Kämpfe mit den Teufeln aus. Noch heute kann man diese Maske bei einigen Clowns finden …
Die Hofnärrinnen und Hofnarren an den Fürstenhöfen der Renaissance und des Barock, Harlekin und Columbina und die anderen lustigen Figuren aus der Commedia dell'arte, die Spielleute und Spaßmacher auf den Märkten und Straßen gehören wie der Clown in die große Familie der »Lustig-Macher« …

Komisch kann der Clown nur sein, wenn er menschlich ist

Die Komik ist immer durch Ambivalenz gekennzeichnet: Anteilnahme und Distanzierung, Absicht und Wirklichkeit.
Das Komische wirkt schockartig als jäher Sturz vom Höheren ins Niedere, vom Erhabenen ins Lächerliche, vom Geordneten ins Chaotische.
Auch der Zufall selbst kann schon komisch sein, wenn in der Turbulenz eines Streites eine Ohrfeige einen anderen trifft als den, dem sie zugedacht war.
Die Komik und damit die Distanz zwischen Absicht
(= Verehrung des Höhergestellten) und Wirklichkeit
(= Ohrfeige) steigert sich, wenn dieser andere auch noch der Chef ist.
Im Komischen greifen die Lust am Chaos, am Unsinn, am Grotesken, am Bruch der Ordnung und die Tendenz, dem anderen überlegen zu sein, Macht über ihn zu gewinnen, ineinander.
Wird dabei die Grenze zum Schrecklichen überschritten, betreten wir den Bereich des Tragischen: Ein Aus-

[1] Aus dem Nachwort der »Bibel« eines Clowns: Henry Miller; Das Lächeln am Fuß der Leiter;

rutscher in eine Dreckpfütze ist komisch, besonders, wenn der nun Beschmutzte vorher sehr vornehm und edel aufgetreten ist. Bricht er sich dabei das Genick, ist es tragisch.

So sind Komik und Tragik eigentlich zwei Seiten einer Medaille und werden definiert durch die Differenz von Absicht und Wirklichkeit.

Ein banales Beispiel aus dem Alltag soll diesen Umstand beschreiben:

Ein Lehrer versucht seine Schüler zu »überreden«, ruhig und aufmerksam zu sein. Eigentlich verabscheut er Schreien und Schimpfen. Im Laufe der Ermahnungen steigert er seine Lautstärke, bleibt aber dabei im Körperschwerpunkt eines Versöhnlichen. Ergebnis: Seine Stimme kippt um, er krächzt und kreischt, verschluckt sich und muß husten ... die Schüler müssen darüber lachen. Er wird komisch. Die angestrebte Ordnung tendiert zum Chaos, die Schüler gewinnen die Macht über den Lehrer.

Als einmaliges Ereignis kann es als komisch bezeichnet werden. Geschieht dies aber in jeder Stunde, ein ganzes Lehrerleben lang, wird der Lehrer zur tragischen Figur, die Grenze des Schrecklichen wird überschritten.

Wir unterscheiden zwei Formen des Komischen: Die Mängelkomik und die Überlegenheitskomik.

Die Mängelkomik lacht *über* einen Zustand und bezieht ihr Überlegenheitsgefühl aus dem Handikap, aus dem Mangel eines anderen. Dies wird z. B. in mancher derben Komik des Mittelalters deutlich, wo mit »Krüppeln« Scherze getrieben wurden.

Die Mängelkomik kann nur der »Lacher«, selten aber der »Verlachte« komisch finden. Diese Komik kann sehr schnell in Tragik umschlagen. Sie ist nicht die Komik des Clowns, des Lustig-Machers, sondern die eines »Auslachers«, der sich über andere erhebt. Die bis in die Mitte unseres Jahrhunderts übliche »Komik« der sogenannten »Liliputaner« und üble Witze über Juden, Ausländer und andere Randgruppen der Gesellschaft sind hierfür weitere Beispiele.

Die Überlegenheitskomik lacht *mit* dem »Geschädigten«, da er nur kurzzeitig, oft durch seine eigene Schuld oder Dickköpfigkeit (dies entbindet den Lacher vom schlechten Gewissen), seine »Würde« verloren hat, da er zwar »reingelegt«, aber weder verletzt noch in seiner Würde demontiert wurde.

Sie ist die Komik des Clowns, der gegen die Tücke des Objekts ankämpft, der den Mächtigen zeigt, daß sie auch nur kleine Menschlein sind. Vielleicht lieben deshalb die Kinder den Clown, weil er in der Manege all das tun darf, was Kindern sonst verboten ist.

Weißclown und August

»Das Kind aber identifiziert sich sofort mit dem August, weil er alles tut, was die erwachsenen weißen Clowns, die Mütter und Tanten verbieten. Hier bestraft dich niemand. Umgekehrt: Man applaudiert dir!«
Federico Fellini

Man unterscheidet drei historische Auftrittsformen der Clownarbeit:

DER MUSIKALCLOWN unterscheidet sich von vornherein vom Sprech-Clown und vom akrobatischen Clown. Weder »reiner« Komödiant, noch Artist, legt er fast die gesamte Komik in die Beherrschung seiner Instrumente, die oft bizarre – Gießkanne und Gartenschlauch – oder groteske Formen haben – die berühmte winzige Geige des großen Grock. Der Musikalclown zeigt, daß man hervorragende Musik machen kann, auch wenn man »gegen den Strich« spielt oder gleichzeitig drei Instrumente im Mund hat.

DIE REPRISE ist das kurze Zwischenspiel der Clowns und Auguste zwischen den einzelnen Darbietungen im Zirkusprogramm:

ein Wortgefecht, ein lustiges Rätsel oder ein kleiner Sketsch.

Die Clowns schaffen hiermit ein Gegengewicht zur dramatischen Spannung, die die Akrobaten und Domp-

Weißclown und August

teure unter der Zirkuskuppel hervorrufen. Nach streßreichen und atemberaubenden Nummern lenken die Spaßmacher den Zuschauer ab, entspannen ihn und bringen ihn zum Lachen.

Die zweite – gebräuchlichere – Form der Reprise ist eine Parodie auf die eben erst gezeigte Zirkusattraktion, wie z. B. der Dressurversuch an einer Ziege nach einer atemberaubenden Löwendressur.

Zusätzlich zum »Lachen-Machen« entbindet der Clown die Zuschauer von der Selbstforderung, Ungewöhnliches zu leisten, und vom aufkeimenden Minderwertigkeitsgefühl.

Der Clown stellt sich noch dümmer als der Dümmste im Publikum und nimmt dadurch alle Minderwertigkeit im Zirkuszelt auf sich:

Nach einer phantastischen Seiltanznummer kommt sich der Zuschauer ganz klein und »mickrig« vor: *»So was könnte ich nie!«* Nun balanciert der Clown auf einem auf dem Boden liegenden Seil, stolpert und verwickelt sich darin: *»Dieser dumme August! Na, so dumm würde ich mich nie stellen!«*

DAS ENTREE läßt Weißclown und August in eigenständigen Szenen auftreten. Meist ist der Dritte im Bunde der *Sprechstallmeister, Monsieur Loyal* genannt. Die Rollen sind klar verteilt: Der Sprechstallmeister vertritt in der patriarchalischen Welt des Zirkus den Direktor und verkörpert sozusagen die Obrigkeit.

Heutzutage wird seine Rolle oft vom Abendregisseur oder vom Ansager übernommen. Er tritt im »normalen« Anzug oder Frack auf und ist »vernünftig« und »erwachsen«. Meist gibt er dem Clown und dem August die Stichworte oder ruft sie scheinbar zur Ordnung.

Der Weißclown erscheint im flitterverzierten, bestickten Kostüm, meist bestehend aus Jacke und knielangen Pumphosen, weißen Strümpfen und Schuhen. Sein Gesicht ist weiß, Lippen und Ohrläppchen sind leuchtend rot geschminkt. Die schwarzen, bogenförmig gemalten Augenbrauen geben seinem Gesicht einen überheblichen und erstaunten Ausdruck. Er legt Wert auf seine personale Würde, sein Wissen, seine Intelligenz, was durch seine ritualisierte Kleidung zum Ausdruck kommt. Sein Agieren wirkt stets geziert und bewußt.

Der August, der die Aktionen des Weißclowns nachzuahmen versucht, jedoch nie erreicht, tritt mit individueller Maske und Kleidung auf, die physiognomisch den jeweiligen Typ des August unterstreichen.

Schon das Aussehen des ewigen Verlierers verzerrt die Wirklichkeit. Sie ist gekennzeichnet durch »aus der Mode«, »zu groß« oder »zu klein«, bietet dem Zuschauer ein Gefühl der Überlegenheit und gestattet ihm, am »Versagen« ohne Schuldgefühl teilzunehmen. Dies ist auch der Effekt der mittelalterlichen, ritualisierten Narrenfarben und Gewänder – auch z.B. der unehrenhaften Judenkleidung.

Der Zuschauer kann sich vom Weißclown und vom August distanzieren, aber er kann sich auch gleichzeitig mit ihm identifizieren.

Der Weißclown bietet **eine entfremdete Identifizierung** mit seinem scheinbar makellosem Wesen, während der August eine **verzerrte Identifizierung** erlaubt, da er ärmer und dümmer ist als der Ärmste und Dümmste unter den Zuschauern.

Der August und der Weißclown behalten stets ihr Kostüm bei. Sie sind immer ein und dieselbe Gestalt, da ihre Maske letzlich im Verzicht auf individuelle Variabilität der Person und in der Zentrierung auf einen bestimmten Typus aufgebaut ist.

Der Schauspieler der abendländischen Bühne bleibt demgegenüber in seiner Rolle noch immer ein differenzierter, uns bekannter Mensch.

Beim Weißclown und August hingegen besteht zwischen dem Menschen und dem Darsteller eine Entfremdung, die als Distanz und abwertendes Element eine Voraussetzung der Komik überhaupt ist.

Dieses Phänomen ist in der gesamten Geschichte der »Komischen Figur« von den Anfängen des Theaters her zu verfolgen, von den Phallophoren im antiken Griechenland, über die Phlyaken und Atellanen im antiken Rom, über die Volksteufel der Mysterienspiele, die Spielleute und Gaukler, die Hofnarren und Contrasti, über die Typen der Commedia bis zum Kasperl und seinen Freunden im Kasperltheater und bis zum heutigen Clown.

DAS HERR-KNECHT-VERHÄLTNIS IM SPIEL DER NARREN

Die Beziehungen zwischen Sprechstallmeister und Clowns, bzw. Auguste, sind durch **soziale Abhängigkeit** gekennzeichnet, die dem Zuschauer von vorneherein mitgeteilt wird. Schon immer war das Verhältnis der Narren und ihrer »Herren« von der Ambivalenz eines **Herr-Knecht-Verhältnisses** geprägt: König und Hofnarr, Gott und Teufel, Gaukler und anständiger Bürger.
Bei dieser Beziehung handelt es sich um eine **archaische Abhängigkeit**, die sozial nicht unbedingt notwendig ist. Der Weißclown ist zwar der Herr, der Überlegene, der Besserwisser, aber dies nur in einer entfremdeten Art, und nur dem August gegenüber. Der Bürger ist zwar dem Gaukler, dem Fahrenden sozial überlegen und verfolgt ihn auch mit seinen Ordnungsmaßnahmen. Seine geheime Sehnsucht aber orientiert sich am freien Leben der Fahrenden: »Lustig ist das Zigeunerleben.«
Der August ermöglicht aus der Position seines masochistischen Knechtseins das Herrsein des Weißclowns.
Es ist nur ein scheinbares Knechtsein, da der August in Wirklichkeit freier ist als der Weißclown und weitgehende Regressionsmöglichkeiten hat. Der Weißclown kann nur Herr sein, *weil* August Knecht ist, und umgekehrt.
Der Bürger wird durch Anstand, Sitte und Erziehung, der Weißclown durch seine Rolle zu einer perfektionierten, ritualisierten unfreien Gestalt, während der August ihre regressive Kehrseite darstellt.
Als solcher darf er anal sein, kindisch und primitiv agieren, verfressen sein, laut schreien und weinen, kurz er darf »Kind« sein, das ja auch erst durch Erziehung zum ordentlichen Menschen »gemacht« werden soll.
Der Narr läßt dem Herren, dem angeblich Weisen und Vernünftigen den Vortritt in der Weisheit, **wohlwissend, daß nur der wahrhaft weise ist, der weiß, daß er nichts weiß**.
Der August schwächt die aggressiven Forderungen des Weißclowns in einer für sich akzeptablen Weise ab, womit er sie auch für den Weißclown erträglicher macht – und uns alle lachen läßt.

Der Clown lebt in uns allen

Das Paradies erschaffst du nur in deiner Phantasie,
egal, in welchem Land du lebst.
Das Paradies ist überall, wo Menschen träumen.
Und Träume schaffen eine bessre Welt
Ariel im Kinderstück »Prosperos Zauberinsel«

Was ich über das Wesen des Clowns zu sagen habe, und was ich vor allem aus den Büchern der Clownerin Gardi Hutter[1] und des Clowns Dimitri[2] zitiere, mag manchmal etwas emotional klingen. Aber die Beschäftigung mit dem Wesen des Clowns kann nicht wissenschaftlich trocken vor sich gehen.

Der Clown *ist* der Clown

Was ist eigentlich ein Clown? Wie kann man das Spiel des Clowns erlernen?
Im Gegensatz zum Schauspieler spielt der Clown immer nur sich selbst. Er nimmt keine Rolle an, er ist er selbst.
Ein Schauspieler kann jederzeit eine Rollenfigur übernehmen, die seinem Charakter völlig entgegengesetzt ist.
Dagegen ist der Clown in seinem Spiel immer verbunden mit dem, was er auch als Person denkt, fühlt und tut oder was er gerne sein möchte.

[1] Moser-Ehinger; Gardi Hutter – Die Clownerin; Panorama Verlag
[2] Ferla; Dimitri – Clown ; Classen Verlag

Er kann seine Gags, seine Szenen und Texte jederzeit von anderen Clowns übernehmen oder nach überlieferten Quellen erarbeiten.
Das Wichtigste ist, daß er alles so spielt, wie es seiner Person und seinem Naturell entspricht. Wenn ihm dies gelingt, kann er machen, was er will: Theaterspielen, pantomimen, singen, tanzen, mit Requisiten arbeiten.
»Ein Clown kann ***alles*** *und darf* ***alles****. Ob er alles* ***kann****, ist eine andere Frage ...« Dimitri.*
Die Persönlichkeit des Clowns kann sich aber nur entwickeln, wenn er sich immer mehr bewußt wird, daß er fast alles, was er ist und was er kann, von andern gelernt hat, daß eigentlich alles schon einmal da war, daß er auf vielen Schultern steht – weil er nämlich Grundsituationen spielt,
Die »Schultern« auf denen der Clown steht, sind die Spieler und Spielerinnen in der Antike, die Contrasti und Gauklerinnen der Renaissance, die Mimen in den Funambules, sind Grock und Rivel, sind Gardi Hutter, Pic und Dimitri, und vor allem die großen Clowns der Filme, Chaplin, Keaton, Stan und Olli, aber auch die Leute, die heutzutage um uns herum leben, die Gemüsehändler, die Menschen in der Straßenbahn und auf dem Kinderspielplatz und nicht zu vergessen, unsere eigenen Kindheitserlebnisse.
Ein Clown bietet keine neue Ideen an, er entdeckt keine neuen Wahrheiten – das tut die Tragödie oder die Wissenschaft –, aber seine Worte, ja sogar oft seine unausgesprochenen Gedanken versteht jeder, *nicht weil sie bereits bekannt sind, sondern weil sie elementar sind.*
Der Clown ist ein Spiegel seiner Zeit. Natürlich lacht man zu verschiedenen Zeiten über verschiedene Dinge, der Geschmack ändert sich, die Tabus und das Heilige ändern sich, die das Lachen abstürzen lassen – aber das sind alles nur Nuancen ... das Lachen war zu allen Zeiten gleich ... es hat die Furcht getötet ...
»Dimitri: Der Clown ist ein ewig Suchender. Er sucht nach Glück, Heiterkeit, nach Einfalt – ein Typ, der die Eigenschaften eines Kräutersuchers hat – wenn die Wahrheit eine Blume wäre.«

Der Clown ist ein Kind

Die Kinder bewahren in ihrem Spiel, in ihren Bewegungen das, was die Erwachsenen schon längst verloren haben: das Paradies.
Wenn man Kinder bei ihrem Tun beobachtet, merkt man, daß sie diesem Zustand nahe sind. Sie schauen z. B. mit dem ganzen Körper, mit dem Bauch, mit den Beinen, während die Erwachsenen etwas betrachten, erblicken oder begutachten.
Kinder weinen und lachen aus dem Bauch. Sie sind mit ihrem ganzen Körper fröhlich und wenn es ihnen schlechtgeht, haben sie ganz einfach »Bauchweh«. Sie spielen nicht, sondern leben ganz wahr ihre Spiele ...
Wir, die Schauspieler, suchen hoffentlich eifriger als die anderen, die verlorene Welt des Paradieses wiederzufinden. Es ist der Atem der Unendlichkeit, wenn auf der Bühne etwas gelingt ... wenn man ganz wahr gewesen ist und wenn man nicht nur seine Rolle abgeliefert hat.
Der Clown will, wie ein Kind, zeigen, was er schon kann, er ist stolz darauf und er weint, wenn es nicht so gut klappt. Er ist ein aufrichtiges Wesen, rein in seinen Gefühlen, demütig den Zustand eines Kindes suchend. Dabei weiß er, daß »das Paradies verschlossen ist und der Cherub davorsteht« (Kleist).
Wir können nur durch das Wissen um unsere Vorläufer, durch Forschen, durch Suchen und durch Training »durch ein Unendliches gehen, um durch die Hintertür wieder ins Paradies zu gelangen«.
Daß die Menschen die Clowns und die Narren mögen und lieben, liegt daran, daß der Clown in ihren Augen die Fähigkeit besitzt, ein klein wenig den Vorhang zu lüften und einen Blick ins Paradies zu ermöglichen.

Der Clown ist zeitlos

Der Clown ist nicht an eine Zeit gebunden und nicht an einen Ort. Es hat zu allen Zeiten und zu allen Kulturen

Clowns, Narren, Schamanen, Gottbeseelte gegeben, auch wenn ihre Namen und Kostüme verschieden waren. Sie sind die ewigen Stellvertreter und Doppelgänger der Menschen.
Sie sind »haganzussa« (= Zaunreiter – früher der Ehrenname für Hexen) zwischen der realen und der irrealen Welt.
Clown-Sein heißt, stets auf der Suche nach dem »Ich«, nach dem »kleinen Clown in uns« zu sein. Ihn gilt es an die Hand zu nehmen und sich von ihm führen zu lassen. Nur dann wird es möglich sein, wieder wie ein Kind hinter einem bunten Ball herzulaufen oder zu weinen, weil der Luftballon zerplatzt ist.

Der Clown liebt die Menschen

Das Wichtigste ist, daß der Clown in seinem Publikum alle Menschen liebt. Nur so kann sich Komik entfalten. Nur wenn man demütig ist und die Menschen liebt, ihnen Geschichten erzählen und sie nicht belehren will, wird es möglich sein, das Publikum zum Lachen und zum Weinen zu bringen.
Humor heißt Feuchtigkeit und bedeutet Nährboden. Humor kann – wie Blumen – nicht auf Beton wachsen und sei er noch so bunt bemalt.

Der Clown ist etwas, was man träumt

Der Clown Dimitri erzählt eine Geschichte von einer Kollegin. Ein Kind hatte diese gefragt »... und was ißt ein Clown?«
»Ein Clown, was ißt er. Wie man im Zoo fragen würde: ›und was ißt der Pandabär?‹ Ich finde das so bezeichnend: Diese Geschlechtslosigkeit, dieses Übermenschliche. Der Clown ist gar kein Mensch. Viele Kinder denken, der Clown bleibt Tag und Nacht geschminkt. der Erwachsene weiß, daß der Clown im Privaten nicht immer geschminkt ist, daß er auch wie normale Menschen ißt. Aber im Unterbewußten eines jeden Menschen existiert doch der Clown als etwas Legendäres. Darum wurde er auch von so vielen Schriftstellern beschrieben, darum wurde er so oft gemalt. Der Clown ist etwas, was man träumt. Jeder Mensch hat einen Clown in sich oder er denkt an einen Clown oder er träumt einen Clown ...«[1]

Der Clown steht zwischen den Geschlechtern. Er ist ein menschliches Wesen, das uns anrührt und zum Lachen bringt.
Gardi Hutter flachst zwar und sagt: »Der Clown ist natürlich ein Neutrum, vom Laufe der Geschichte her halt ein männliches Neutrum!«
Aber im Grunde ist der Clown ein zeitloses und geschlechtsloses Wesen. Vielleicht ist es das Kindliche im Clown, das Instinktive, das Unbewußte, das uns nicht darüber nachdenken läßt, ob er nun Mann oder Frau ist.

Der Clown ist ein Anarchist

Der Clown ist aus seiner anarchischen Grundposition heraus darauf angewiesen, Ideologien, die aufgebaut wurden, in Frage zu stellen; Positionen , die er aufbaut, auch sofort wieder einzureißen.
Er erfüllt hierbei die gleiche Funktion wie der mittelalterliche Carneval, die Fastnacht: Werte, die das ganze Jahr über funktionieren, werden in dieser Zeit aufgehoben. Kirche, Staat und Obrigkeit werden umgestülpt.
»Geht man davon aus, daß institutionalisierte Regeln und Gesetze sich leicht verselbständigen und damit unmenschlich werden, läßt sich die Anarchie des Clowns schon als Einsatz für die Menschlichkeit an sich verstehen.« Gardi Hutter

([1] Zitiert aus einem Interview mit der Zeitschrift Bühnenkunst, 1/87

Der Clown spielt in die »Tiefe«

Ein Schauspieler muß danach streben »in die Breite« zu arbeiten, d. h. möglichst viele Charaktere zu erarbeiten, um möglichst viele Rollen ausfüllen zu können.
Der Clown spielt »in die Tiefe«: er spielt immer denselben Clown.
Dadurch hat ein Clown den Vorteil und die Chance, im Laufe seiner Reife seine Szenen, Texte und Gefühle immer weniger technisch sichtbar »von außen«, aber um so fühlbarer »von innen« spielen zu können und so immer mehr der »leuchtenden Fensterscheibe« gleich zu werden.
Selbstverständlich müssen die Gefühle eines Clowns echt sein und stimmig, denn was nicht vorhanden ist, kann man auch nicht vergrößern!
Gefühle, wie z. B. Schmerz oder Wut, werden ausgestellt, und nur dadurch, weil sie offensichtlich und lauthals verkündet werden – plakativ und grell –, wird es möglich, daß der Zuschauer darüber lacht. Erwachsene lachen oft über die Wutanfälle von Kindern:
Es ist »künstliche« und ausgestellte Wut, genau umgekehrt zu dem, »was sich gehört«.
Der normale Erwachsene beißt die Zähne zusammen und ballt die Fäuste in der Tasche. Der Clown spielt die Wut, tritt gegen den Stuhl, an dem er sich gestoßen hat »Ooooh, hab ich eine Wut!!! Es tut ja sooo weh!!!«
Durch das Ausstellen der Emotionen ist es auch möglich, daß der Clown manchmal so bösartig sein kann und z. B. mit einem Riesenhammer einem andern auf den Kopf hauen kann, ohne daß es aggressiv oder pervers wirkt.
Im Alltag, wie auch auf der Bühne des naturalistischen Theaters, unternehmen wir viele Dinge gleichzeitig:
Wir betrachten neugierig den Raum, den wir betreten und begrüßen gleichzeitig einen Bekannten, den wir sowieso nicht leiden können. Dabei fühlen wir uns von den anderen Anwesenden im Raum beobachtet und haben außerdem schon den ganzen Tag Magenschmerzen.
Der Clown spielt eines nach dem anderen:
Er tritt ins Zimmer und schaut. Erst, wenn er alles gesehen hat, wird der Bekannte begrüßt, dem er zuerst die Hand gibt und ihm dann sagt, daß er ihn nicht leiden kann. Dann schreit er die Anwesenden an, daß sie nicht so glotzen sollen und hat ab diesem Zeitpunkt ausschließlich Bauchweh.
Er zergliedert seine Aktionen und denkt beim »Stehen nicht schon ans Gehen ...«
»... Eine unklare Clownnummer ist schlecht, das merkt jedes Kind!« Gardi Hutter.

Der Clown ist nicht spontan

Clown-Sein heißt nicht, sich schminken und eine rote Nase aufsetzen und Grimassen schneiden ..., was leider oft auf Clowns-Workshops praktiziert wird.
Man muß sich klarmachen, daß man nur dann zum Clown wird, oder auf dem Weg dorthin ist, wenn man eine Clownnummer immer und immer wieder übt.
Der Zufall mag einige Komik hervorbringen, aber das Spiel eines Clowns kann man nicht improvisieren.
Als Beispiel möchte ich ein eigenes Erlebnis anführen:
Als junger Schauspieler war ich Teilnehmer eines Workshops, den ein älterer Clown in einem Wanderzirkus anbot. Wir machten zu Beginn des Kurses einen uralten, einfachen Clowntrick: Einen Hut aufsetzen und mit den Fingern wieder so vom Kopf schnippen, daß er zu Boden fällt. Nun greift man nach dem Hut, stößt aber mit der Fußspitze so an den Hut, daß er scheinbar vor dem Clown wegläuft und ein »Eigenleben« entwickelt.
Es klappte auf Anhieb recht gut, und wir kamen uns sehr komisch vor. Nun wollten wir neue, andere Clownnummern lernen, und waren zunächst recht enttäuscht, als wir die restliche Zeit des Kurses unter den kritischen Augen des Clowns nur diese eine Nummer übten ...
»Clownnummern könnt ihr auch nachlesen, aber ihr wollt doch lernen, wie ein Clown arbeitet«, sagte er

nur, und ich begann zu ahnen, was es heißt, als Clown zu arbeiten.
Ein Clown darf auch nicht von seinen eventuellen Fertigkeiten ausgehen und sich fragen, wo er in seiner Nummer einen Salto einbauen oder eine Jonglage machen könnte. Er muß eine Geschichte erzählen, die keine Entwicklung haben darf, sondern eine Situation darstellt. Erst wenn die Situation stimmt, wird vielleicht der Salto von ganz alleine notwendig sein.
Viele Situationen ergeben dann – wie in den Chaplinfilmen – wieder eine Geschichte, die aber unwesentlich ist, da die Einzelsituationen auch in einer anderen Geschichte Platz hätten.
Dieses Spielprinzip entspricht wieder der Arbeitsweise der Commedia dell'arte.

Auf dem Weg zum Clown – Übungen und Improvisationen

DER CLOWN SPIELT OHNE VIERTE WAND
Zunächst sind alle Übungen wichtig, die das Öffnen der vierten Wand trainieren, da es im Spiel des Clowns keine Rampe und keinerlei Abtrennung zum Zuschauer gibt.
(Siehe Kapitel »Die vierte Wand« und »Blick-Atem-Neigung«)
Wie die Kinder begleitet der Clown all seine Aktionen mit unausgesprochenen und ausgesprochenen Fragen an den Zuschauer, wie z. B. »Hast du das gesehen?« oder »Siehst du, was ich sehe?«
Er holt zu jedem seiner Schritte den Zuschauer gleichsam auf die Bühne oder in die Manege und bleibt in fortgesetztem Kontakt.
Wichtig ist dabei der sogenannte »Übergang«, der getragen ist vom Ausschwingen des Interesses und von der Aufmerksamkeit und Neugier auf das Neue.
Nur so wird es möglich sein, daß der Clown plakativ spielt und Gefühle ausstellen kann.
Der Clown muß auf die Illusion verzichten, daß auf der Bühne gelebt wird. Er demonstriert ständig, daß er das Leben nur darstellt.
Als Variationen der Elementarübung (Fensterübung S. 81) können folgende Duo-Szenen erarbeitet werden:

- Jeder will sein Lied oder sein Gedicht vortragen.
- Jeder will sich verstecken, weil er sich vor den Zuschauern geniert.
- Einer macht dem anderen alles nach (»Das kann ich auch!«).
- Einer macht dem anderen alles vor (»Schau, so geht das!«).
- Ein Zweikampf mit Püffen und Tritten, während man ein gemeinsames Lied singt.
- Jeder versucht seine Talente glänzen zu lassen und den anderen zu übertreffen.

Die Körperschwerpunkte von Weißclown und August

Selbstverständlich wird jede Clownerin und jeder Clown »ihre« und »seine« Clownfigur sehr individuell gestalten, da der Clown keine Rolle ist, sondern überwiegend von der Persönlichkeit des Darstellers getragen wird.
Man kann sich nicht – so wie es einige Bücher mit »Anleitungen zur Clownerie« vorschlagen – zu Beginn der Clownarbeit für einen Typ entscheiden, wie z. B. naiver Clown, Außenseiter, Pedant, u. ä.
Man muß im Laufe von vielen Improvisationen und Übungen den Typ in sich aufspüren und wachsen lassen. Vielleicht wird man sich selbst darüber wundern, was alles »in einem« steckt. Eventuell werden dann die Eltern bestätigen, daß man als Kind eigentlich »schon immer so« gewesen ist.
Die grundlegenden Schwerpunkte des Weißclowns.
Von der Spielaufgabe des Weißclowns her bietet sich das Element *LUFT,* mit all seinen Variationen, wie *ÜBERHEBLICHKEIT, STOLZ, EITELKEIT* und *ABGEHOBENSEIN* an.

Die eigene Lust auf »Überfliegertum« oder »Besserwisserei« wird den Typ bestimmen, denn die eigene Person einbringen, heißt ja nicht, daß nur eitle Menschen als Weißclown spielen können.
Die grundlegenden Schwerpunkte des Augusts.
Von der Spielaufgabe und Rollenverteilung her hat der August alle Freiheiten.
Für die individuell gestaltete Figur soll die elementare Schwerpunktsübung für den NARREN vorgestellt werden:
A. *Ruhehaltung:* Ich stehe entspannt in der Haltung »linkes Standbein – rechtes Spielbein«. Die Arme hängen locker am Körper.
B. Ich interessiere mich / ich werde etwas gefragt:
Da interessiert mich etwas! Blick-Atem-Neigung; der Körper wird durch den Atem gehoben; das Gewicht verlagert sich auf das rechte Bein; der Oberkörper neigt sich in Blickrichtung; ich schaue, höre und denke.
C. Das verstehe ich nicht / das weiß ich nicht:
Wenn ich genügend geschaut habe und gedacht habe, merke ich, daß ich keine Antwort auf die Frage weiß. Die Körperspannung läßt nach, der Atem strömt aus. Ich »sinke« in die Ausgangsposition zurück. Vielleicht hebt dazu noch der ruckartig tief eingeholte Atem die Schultern und initiiert den Gesichtsausdruck: »Ach Gott, wie bin ich dumm! Ich weiß es nicht!«
D. Ich verstehe das / ich weiß es:
Mit vorgebeugtem Oberkörper »durchschaue« ich das Problem oder die Frage. Der kurz eingeholte Atem strömt aus und wieder ein. Er stärkt meinen Körper, und ich gehe in den Schwerpunkt STÄRKE, mit beiden Beinen fest auf dem Boden der Tatsachen. Ich denke: »Ich weiß es! Ich bin klug und weise!«
Nun springen wir in schnellem Wechsel immer wieder von der Ruhe – und Interessehaltung (A und B) in die »Ich-weiß-nichts-Haltung« (C); wieder zurück in die Ruhehaltung, von da wieder in die »Ich-weiß-es-Haltung« (D). Bis wir endlich zur *Haltung des weisen Narren* gelangen:
E. Ich weiß, daß ich nichts weiß:
Nur scheinbar gehe ich in die Haltung des resignierenden Nichtwissers (C). Innerlich stärkt mich aber die Haltung des Wissenden (D), daß man nicht alles wissen muß. Amüsiert blicke ich auf mein Gegenüber, das sich einbildet, gebildet zu sein.

Übungen zur Typfindung

Die verschiedenartigen Möglichkeiten der Interpretation und Improvisation in den nun folgenden Übungen sollen die Lust auf einen bestimmten Typ wecken.

DER VERUNSTALTETE WITZ

Eine typisch clowneske Szene entsteht, wenn z. B. der Weißclown einen Witz erzählen will und der August redet vor Begeisterung ständig dazwischen, weil er ein Fan vom Weißclown ist und dies allen Leuten erzählen muß.
Er kann sich aber auch furchtbar auf die Pointe freuen und bei jedem Satz, der erzählt wird, sich im voraus vor Lachen kringeln.
Eine weitere Möglichkeit des »witzbegleitenden Spiels« kann Besserwisserei oder Nörgelei sein, weil man den Witz schon kennt oder den Erzähler unmöglich findet.
Hier ist der Witz: *Ein schwarzer Pudel verfolgt zwei Hasen. Als der schwarze Pudel nicht mehr laufen kann, übernimmt sein Freund, der weiße Pudel, die Verfolgung. Da sagt der eine Hase zum andern: »Du, jetzt müssen wir rennen! Der hat schon seinen Pullover ausgezogen!«*

A. Weißclown und August

August:	Toll, daß ich dich treffe! Bitte, bitte, erzähl den Witz vom Pudel!
Weißclown:	Nein, nicht schon wieder!
August:	Doch, (lacht) du mußt ihn erzählen! (lacht wieder und wendet sich ans Publikum) Wenn er den Witz erzählt ...

	Ihr bepinkelt euch vor Lachen! Ihr wollt doch auch, daß er den Witz erzählt (animiert zum Applaus).
Weißclown:	Also gut!
August:	(nimmt sofort die Haltung eines begeisterten Zuhörers ein)
Weißclown:	Also, da läuft ein Pudel durch den Wald …
August:	(lacht fürchterlich) … ein Pudel! Wahnsinn! Nein so was Komisches, ein Pudel! (wendet sich zum Publikum) Ich hab's euch gesagt! Irre!
Weißclown:	Und der Pudel jagte zwei Hasen auf …
August:	Wahnsinn! (er liegt auf dem Boden und krümmt sich vor vor Lachen). Ist das komisch! usw.

B. Er und Sie

Er:	Also kennt ihr schon den Witz vom schwarzen Pudel?
Sie:	Ach, der, der die beiden Hasen aufgejagt hat? (lacht)
Er:	Erzählst du jetzt oder ich?
Sie:	Nein, nein, erzähl du!
Er:	Also der Pudel jagt zwei Hasen auf und macht sich an die Verfolgung …
Sie:	Der Witz ist phantastisch! (wendet sich ans Publikum) Ihr müßt zuhören! Ganz toll wird der Witz, wenn der schwarze Pudel nicht mehr kann … (lacht) usw.

C. Er und Sie

Sie:	Ich weiß einen Witz!
Er:	(stöhnt) Ach den!
Sie:	Du weißt doch gar nicht, welchen!
Er:	Na bestimmt den vom Pudel! (stöhnt schmerzvoll)
Sie:	Jaaa! Also da lief ein Pudel durch den Wald …
Er:	So ein Blödsinn! Im Wald gibt's doch gar keine Hasen! usw.

D. Die »tödliche« Bitte

August:	He, erzähl doch mal den Witz, wo der Hase zum Schluß sagt, daß der Pudel seinen Pullover ausgezogen hat …

DIE FLIEGE

Der Clown wird von einer imaginären Fliege umschwirrt.

Das Summen spielt der Clown in allen möglichen Tonlagen. Nach vielen komischen Versuchen gelingt es ihm, die Fliege zu fangen. Er hat sie in der geschlossenen Faust und erdrückt sie mit den sanften Worten: »Arme, kleine Fliege! Hast keinen Papi mehr und keine Mami mehr. Hast nur noch den lieben Gott! Willst ihn sehen?!« Dann …

… verzehrt er die Fliege wie ein Hähnchen.
… war die Fliege doch nicht ganz tot, rumort sichtbar im Bauch und befreit sich schließlich – von einem kräftigen Rülpser begleitet.
… spielt der Clown mit der Fliege wie mit einem Aufziehauto.
… spielt er mit ihr und einer Fliegenpatsche Golf oder Tennis.
… bläst er sie zum Luftballon auf und spielt damit.
… dressiert er sie und führt dem Publikum Kunststücke vor.
… verwandelt sich die Fliege in eine Killerfliege und verfolgt den Clown.
… flüchtet sich die Fliege in den Zuschauerraum und der Clown versucht, sie nmit der Fliegenpatsche zu erlegen; er trifft aber nur die Köpfe der Zuschauer.

KINDLICHE FRAGE I

August:	Was machst du?
Weißclown:	Ich denke!
August:	Tut das weh?

KINDLICHE FRAGE II
Der Weißclown erklärt sehr ausführlich, umständlich und wissenschaftlich genau eine Situation und fragt schließlich:
»Hast du noch eine Frage?«
August: »Ja! WARUM?«
DIE SPEISEKARTE
Die Speisekarte einer Pizzeria dient als Textvorlage
... für eine Liebeserklärung.
... ein Streitgespräch.
... ein Gespräch im Beichtstuhl.
... ein Gespräch beim Psychologen.

Die Lazzi der Commedia dell'arte

Als weitere Übungen für Clowns sind besonders die literarischen Clownnummern zu empfehlen, die von Tristan Rémy gesammelt und herausgegeben wurden.[1]
Bei vielen Clownnummern, die man liest oder sieht, hat man das Gefühl des Wiedererkennens. Außer den allbekannten Gags, den Ohrfeigen, Tritten und weggezogenen Stühlen, den fliegenden Torten, tanzenden Brötchen und über den Kopf gestülpten Wassereimern, findet sich tatsächlich ein Großteil der Szenen und Tricks schon bei den Atellanen und Phlyaken der Antike und vor allem in den schriftlichen Quellen der Commedia dell'arte wieder.
Diese **Lazzi** eignen sich besonders als Grundlage für die Erarbeitung von Clownnummern. Die Lazzi sind teilweise wörtlich aus den Regieanweisungen der Commedias übersetzt, was ihren Charme erhöht. Die Namen der Commediafiguren wurden beibehalten, denn das Spiel der Narren und Clowns hat viele Namen.

- Isabella findet einen Sack, in dem sich Harlekin versteckt hat. Sie untersucht seine Härte und spekuliert über den Inhalt.
- Harlekin, der aus einem Ei ausgeschlüpft ist, lernt jeden Teil seines Körpers kennen und zu koordinieren.
- Harlekin kämmt Pantalones Haar mit einem riesigen Kamm oder rasiert ihn auf grausame Weise.
- Pedrolino stellt sich taub, als ihn sein Herr ruft und ihm Dinge aufträgt, von denen Pedrolino glaubt, sie müßten nicht zu seinen Pflichten gehören. Andere Figuren kommen auf die Bühne mit lächerlichen Aufträgen für Pedrolino. Die ganze Zeit über schweigt er. Plötzlich schreit er ganz laut und erschreckt alle. Dann geht er ganz ruhig ab.
- Pulcinella verkleidet sich als Finanzbeamter. Er läßt nun alle Bittsteller so tief bücken, bis sie umfallen.
- Wenn Pantalone und eine andere Figur Nettigkeiten austauschen, machen Coviello und Pulcinella dazu verrückte Pantomimen, wie Schatten, die die eigentliche Wahrheit zum Gespräch zwischen Pantalone und der Figur wiedergeben.
- Mit gezogenem Schwert gehen Capitano und Coviello auf die Zuschauer los. Sie stoppen an der Rampe und laufen auf dem Platz. Während des pantomimischen Laufens reagieren sie auf die Zurufe der Zuschauer.
- Harlekin wird auf die Bühne als eine Statue gebracht. Er ändert immer wieder unmerklich seine Position oder verändert seinen Standplatz. So erschreckt er die anderen Figuren.
- Pulcinella liegt tot im Sarg. Er richtet sich wieder auf und bittet die Zuschauer, die Ruhe der Toten nicht zu stören.
- Auf dem Höhepunkt eines Streites wird Aurelia von Flaminia geschlagen. Flaminia geht weg und schlägt Pantalone, der eben ahnungslos vorbeikommt. Pantalone haut den vorbeikommenden Coviello, dieser schlägt Francesca, die dann Zani als letzten schlägt.
- Während Harlekin seinen großen Hunger und Durst bejammert und beschreibt, frißt er den Tisch des Herren leer. Dann wiederholt er die Klagen über seinen Hunger.
- Zanino und Burattino beschließen, den Pantalone zu

[1] Tristan Rémy; Clownnummern; Verlag Kiepenheuer und Witsch

töten. Sie probieren an sich gegenseitig aus, wie sie Pantalone umbringen wollen, und erwürgen, erschlagen und erstechen sich dabei beinahe.

- Pantalone findet sich verlassen auf einem Platz. Er hört auf seine Schreie ein Echo und unterhält sich mit ihm. Das Echo beginnt plötzlich mit den ersten Worten Pantalones zu sprechen, was Pantalone unheimlich ist.
- Pantalone oder Pulcinella preisen in exaltierter und lächerlicher Weise die Schönheiten der Stadt, in der sie gerade Theater spielen.
- Harlekin erzählt einen Witz über den die Zuschauer nicht lachen wollen. Er erzählt ihn noch einmal ganz langsam. Wieder kein Lacher! Jetzt nimmt Harlekin einen Zettel aus seinem Ärmel und liest den Witz ganz langsam vor. Wieder kein Lacher! Nun sagt er den Zuschauern, daß er ab jetzt seine eigenen Witze erzählen wird und nicht die vom Stückeschreiber.
- Bevor das Spiel beginnt, steht Pulcinella mit dem Rücken zu den Zuschauern und pinkelt. Seine Frau kommt und sagt, daß die Zuschauer schon hier wären. Pulcinella dreht sich mit betrübtem Gesichtsausdruck langsam um.
- Harlekin kommt als Blinder und Coviello als Tauber auf die Bühne. Dann fragt Harlekin den Coviello, ob schon Zuschauer da wären. Coviello antwortet: »Wieso spielen wir schon?«
- Harlekin versucht sich hinter Coviello zu verstecken als Pantalone nach ihm sucht. Harlekin steckt die Hände und Arme unter Coviellos Schultern vor und bewegt sie zu Coviellos Worten. Sie spielen auch Gitarre mit vier Händen oder trinken aus einer Flasche.
- Burattino quält seinen verliebten Herrn, indem er die Botschaft, die von seiner Geliebten gesendet wurde, verbirgt oder verzögert. Er erzählt eine lächerliche Geschichte, fragt den Liebhaber, ob er würfeln will. Er verzögert die Antwort, indem er zwischen jedem Wort schluchzt oder indem er behauptet, die Botschaft vor Rührung nicht fortsetzen zu können.
- Gratiano benutzt einen falschen Arm, wenn er von Pulcinella angegriffen wird. Er läßt den Arm zurück und rennt schreiend weg.
- Pantalones Weib setzt ihm einen großen Topf auf den Kopf und verspricht ihm eine Überraschung. Während Pantalone mit dem Helm kämpft, schleicht sich ihr Liebhaber davon.
- Oft wird eine Szene mit aufgeregtem und heftigem Streit dadurch beendet, daß sich die Streithähne wiedererkennen und sich überschwenglich begrüßen.
- Pantalone droht seiner Tochter Flavia, weil sie Gratiano nicht heiraten will. Er holt ein Messer und sagt, er will ihr drei Chancen geben, ihre Meinung zu ändern. Wenn sie sich auch beim dritten Mal weigere, werde er sich erstechen. Er fragt sie dramatisch dreimal, jedesmal sagt Flavia »Nein«. Pantalone sagt darauf: »Wenn du nicht willst, will ich auch nicht.«
- Harlekin und Tartaglia sind angewiesen worden, das Bett zu machen. Weil das Bettuch noch Falten hat, befiehlt Tartaglia dem Harlekin, unter das Tuch zu kriechen und die Falten zu regulieren. Harlekin kriecht darunter, sagt aber, daß da keine Falten seien. Nun wechseln sie die Plätze.
- Die Wächter wollen Coviello ins Gefängnis führen. Er sagt, er müsse sich zuerst die Schuhe binden. Er bückt sich, zieht den Wächtern die Füße weg und läuft davon.
- Coviello klagt, daß er sehr hungrig sei. Er demonstriert dies an seinen Schuhen. Zuerst ißt er die Schuhbänder wie Spagetti, dann löst er die Sohle und beginnt genüßlich zu kauen.
- Während Capitano Wein in sein Glas schüttet, leert Harlekin das Glas, indem er einen langen Strohhalm benützt.
- Pulcinella wird von seinem Herrn gelobt: »Du bist ein Mann, angefüllt mit Tapferkeit!« Verwirrt sucht Pulcinelle in seinen Hosen und in seinen Taschen, findet aber keine Tapferkeit.
- Harlekino wird zu einer prächtigen Tafel eingeladen. Immer wenn sich Harlekin etwas vom Tisch nehmen will, nimmt es ihm der Arzt Gratiano weg und er-

klärt, daß dies ungesund sei. Schließlich wird dies alles dem Harlekin zu dumm und er wirft dem Doktor eine gefüllte Schüssel ins Gesicht.

- Coviello schlägt dem Harlekin so fest auf den Kopf, daß das Gehirn herausspritzt. Harlekin hat Angst, daß er seine Intelligenz verliert, setzt sich hin und ißt sein Gehirn wieder auf. Dazu stellt er fest, daß er sowieso hauptsächlich mit dem Bauch denken würde.
- Harlekin erzählt eine Geschichte: Es waren einmal drei Jäger. Der eine von ihnen war ohne Arme, der andere ohne Augen, der dritte ohne Beine. Der Armlose sagte: »Ich trage das Gewehr!« Der Augenlose sagte: »Ich schieße den Habicht!« Und der ohne Beine sagte: »Ich werde laufen und den Habicht herbeiholen!« So gingen sie auf die Jagd. Der ohne Arme deutete und rief: »Da ist der Habicht!« Der ohne Augen schoß ihn vom Himmel und der ohne Beine lief und brachte ihn herbei. Als sie den Habicht kochen wollten, gingen die drei zu einem Haus ohne Fußboden, ohne Tür, ohne Fenster und ohne Mauern. Der ohne Beine lief voraus, der ohne Augen sagte: »Da sind wir!« und der ohne Arme klopfte an die Tür, die nicht da war. Der Mann, der nicht zu Hause war, kam aus dem Haus heraus und fragte, was sie wollten. Sie antworteten, daß sie einen Kessel voll Wasser bräuchten. Der Mann, der nicht zu Hause war, brachte einem Topf ohne Boden und füllte ihn mit Wasser. Plötzlich kam einer, der nicht da war, aber da sein sollte. Der hatte keine Augen, keine Arme und keine Beine. Dieser nahm den Habicht im Topf ohne Boden und lief weg.

»Es wird immer Clowns geben, denn der Mensch braucht sie wie Luft und Sonne. Clowns werden so unsterblich sein wie das Theater, die Geschichtenerzähler, die Narren …
… und es wird immer Menschen geben, die bereit sind, zuzuhören, zu lachen, sich bezaubern und rühren zu lassen … sonst wäre das Leben kein Leben mehr.
Dimitri

Literaturverzeichnis

Allport, Gordon W.: Persönlichkeit. Stuttgart 1949
Bawelen u. a.: rororo Filmlexikon. Bd. 1. Hamburg
Boehn, Max von: Der Tanz. Berlin, 1925
Borchmeyer, Dieter (Hrsg.): Goethes frühes Theater. Frankfurt 1982
Brecht, Bert: Über den Beruf des Schauspielers. Frankfurt 1973
Brook, Peter: Der leere Raum. Hamburg 1970
Delakova, Katya: Beweglichkeit. München 1984
Devrient, Eduard: Dramatische und dramaturgische Schriften. Leipzig 1846
Diderot, Denis: Paradox über den Schauspieler. Frankfurt 1964
Dil Ulenspegel – Ein kurtzweilig Lesen von Dil Ulenspegel. Reclam, Stuttgart 1966
Dshiwelegow, Alexej Karpowitsch: Commedia dell'arte – Die italienische Volkskomödie. Berlin 1958
Ebert, Gerhard: Improvisation und Schauspielkunst. Berlin 1993
Efros, Anatoli: Die Probe – Meine Liebe. Berlin 1979
Engel, Erich: Schriften über Film und Theater. Frankfurt 1971
Engel, Johann Jacob: Ideen zu einer Mimik. Berlin 1785
Esrig, David: Commedia dell'arte. Nördlingen 1985
Ferla, Patrick: Dimitri – Clown. Zürich
Fiebach, Joachim: Von Craig bis Brecht. Berlin 1973
Flögel, Karl Friedrich: Geschichte des Grotesk-Komischen. Leipzig 1862
Fo, Dario: Kleines Handbuch des Schauspielers. Frankfurt 1989
Frey, Jacob, Michael Lindener: Rastbüchlein – Katzipori und verschiedene Schwänke. Leipzig 1907
Gascoigne, Bamber: Illustrierte Weltgeschichte des Theaters. München-Wien 1971
Grotowski, Jerzy: Das arme Theater. Hannover 1968
Hanke, Helmut: Das Abenteuer der Manege. Berlin 1971
Hansen, Günther: Formen der Commedia dell'arte in Deutschland. Emsdetten 1984
Hecht, Werner (Hrsg.): Brechts Theorie des Theaters. Frankfurt 1986
Heinrich der Glîchezâre: Reinhart Fuchs. Reclam, Stuttgart 1987
Hera, Janina: Der verzauberte Palast. Berlin 1981
Herrmann, Max: Die Enstehung der berufsmäßigen Schauspielkunst. Berlin 1962
Hoffmeier, Dieter: Das literarische Spätwerk Stanislawskis. Berlin 1968
Kindermann, Heinz: Theatergeschichte Europas. Bd. 1-3. Salzburg 1966
Kindermann, Heinz: Das Theaterpublikum der Antike. Salzburg 1979
Kindermann, Heinz: Das Theaterpublikum des Mittelalters. Salzburg 1980
Kindermann, Heinz: Das Theaterpublikum der Renaissance. Bd. 1 und 2. Salzburg 1986
Kleist, Heinrich: Über das Marionettentheater. Berliner Abendblätter, 12. Dez. 1810. Hamburg 1964
Klöden, Hans Günther von: Grundlagen der Schauspielkunst. Velber-Hannover 1965
Kortner, Fritz: Aller Tage Abend. Berlin 1961
Kott, Jan: Shakespeare heute. München 1970
Kunz, Marcel, Alessandro Marchetti: Arlecchino & Co.. Zug 1989
Lessing, Gotthold Ephraim: »Hamburgische Dramaturgie«. Reprint Stuttgart 1874
Mayer, Hans: Georg Büchner – Woyzeck, Dichtung und Wirklichkeit. Frankfurt 1963
Meyerhold, Wsewolod Emiljewitsch: Balagan. Leipzig 1967
Merkens, Heinrich: Deutscher Humor in alter Zeit. Würzburg 1879
Miller, Henry: Das Lächeln am Fuße der Leiter. Hamburg 1978
Molinari, Cesare: Theater. Freiburg 1975
Monaco, James: Film verstehen. Hamburg 1972
Moher-Ehinger, Susann und Hansueli: Gardi Hutter – Die Clownerin. Panorama
Müller, Werner: Pantomie. München 1979
Müller, Werner: Körpertheater und Commedia dell'arte. München 1984
Müller, Werner: Auf die Bühne, Fertig, Los! München 1988
Niessen, Carl: Handbuch der Theaterwissenschaft. Emsdetten 1949
Pauli, Johannes: Schimpf und Ernst. Reprint der ältesten Ausgabe von 1522. Berlin 1924
Pietsch, Ingeborg (Hrsg.): Werkstatt Theater. Berlin 1975
Reich, Hermann: Der Mimus. Berlin 1903
Riccoboni, Anton Franz: Die Schauspielkunst. Berlin 1954
Reineke Fuchs. Reclam. Stuttgart 1967
Remy, Tristan: Clownnummern. Köln 1982
Rumjanzewa, Natalia: Clown und Zeit. Berlin 1989
Schöne, Günter: Tausend Jahre deutsches Theater. München 1962
Schwänke und Streiche, Schelmen- und Narrengeschichten.

Bayreuth 1981
Stanislawski, K. S.: Die Arbeit des Schauspielers an sich selbst. Berlin 1963
Stanislawski, K. S.: Briefe. Berlin 1975
Stanislawski, K. S.: Ethik. Berlin 1960
Souberyan, Jean: Die wortlose Sprache. Zürich 1984
Strasberg, Lee: Schauspieler-Seminar in Bochum 1978
Tertullian: Über die Spiele. Reclam, Stuttgart 1988
Theophrast: Charaktere. Reclam, Stuttgart 1970
Tschechow, Michael: Werkgeheimnisse des Schauspielkunst. Zürich-Stuttgart 1979
Watzlawick: Anleitungen zum Unglücklichsein. München 1983
Weimann, Robert: Shakespeare und die Tradition des Volkstheaters. Berlin 1967
Wilpert, Gero von: Sachwörterbuch der Literatur. Stuttgart 1969
Winds, Adolf: Der Schauspieler in seiner Entwicklung vom Mysterien- zum Kammerspiel. Berlin 1919